融素养 汇学研

中学体育与健康
大单元教学设计与实践

王叶妹 著

上海交通大学出版社
SHANGHAI JIAO TONG UNIVERSITY PRESS

内容提要

　　本书主要梳理了国内外大单元教学的相关研究成果,在界定核心概念的基础上,阐述大单元教学的内涵与特征,并基于师生问卷调查的结果,提炼核心素养视域下体育与健康大单元教学设计中的关键要素,构建大单元教学设计的框架及流程,总结大单元教学设计的六大策略与实施要点,并提供了"足球、乒乓球、田径"等大单元教学设计的范例及"健康教育、体能"等教学示例。本书适合中学体育教师与教研员使用。

图书在版编目(CIP)数据

　　融素养　汇学研:中学体育与健康大单元教学设计与实践/王叶妹著.—上海:上海交通大学出版社,
2024.9—ISBN 978-7-313-31395-9

　　Ⅰ.G633.962;G637.9

　　中国国家版本馆 CIP 数据核字第 20245EJ871 号

融素养　汇学研——中学体育与健康大单元教学设计与实践
RONGSUYANG　HUIXUEYAN——ZHONGXUE TIYU YU JIANKANG
DADANYUAN JIAOXUE SHEJI YU SHIJIAN

著　　者:王叶妹

出版发行:上海交通大学出版社　　　　　　地　　址:上海市番禺路 951 号

邮政编码:200030　　　　　　　　　　　　电　　话:021-64071208

印　　制:上海新华印刷有限公司　　　　　经　　销:全国新华书店

开　　本:710mm×1000mm　1/16　　　　印　　张:12.25

字　　数:192 千字

版　　次:2024 年 9 月第 1 版　　　　　　印　　次:2024 年 9 月第 1 次印刷

书　　号:ISBN 978-7-313-31395-9

定　　价:58.00 元

序 一
让体育教学的鲜活、真实一直延续……

教学是一本耐读的"书",而研究教学则是一本精致的"书"。当我拿到王叶妹老师的专著《融素养 汇学研——中学体育与健康大单元教学设计与实践》时,油然而生这样的感觉。她的"书",正是对教学之"书"、研究之"书"的建树。

说来,跟王叶妹老师相识有好多年了,她是上海市闵行区教育学院中学体育教研员,从事学校体育教学和教研工作近20年。这是一位对体育教育有着使命感的体育老师,在她看来,以体育人是体育的最大价值;这也是一位对体育教学有着专业感的体育老师,在她看来,体育科学是体育的存在意义;这更是一位对体育教学研究有着通透感的体育老师,在她看来,体育教科研是学校体育教育彰显动感培育、行稳致远的精进之路。正因为此,当我读起她的专著时,脑海里顿时会浮现出她在体育课堂上英姿飒爽的身影、在体育教研上孜孜不倦的剪影和在体育科研中奋笔疾书的情影。如今,她的专著出版,水到渠成,恰到好处,得心应手,真的可喜可贺!

体育,是一门科学,也是一门艺术,这几乎是大家的共识。不过,开展体育教学,进行体育相关研究,其实并不简单。体育以动为主的特征,体育研究以效为要的特点,都明白无误地揭示出这样的专门研究,不仅要有教育研究的共性,还要兼顾体育研究的个性,更要有非同一般的特性。

王叶妹老师的这本专著,在我看来,是一本有着大局意识、布局视野和格局运筹的力作。

不言而喻,在国家实施新课程、新教材的背景下,体育教学面临着极大的发展机遇,也面对着相当大的挑战。而在现代教育理念和先进教育技术的"新"发展的今天,如何使教育更有深意、教学更有新意,让课堂更富动意,让学生更富惬意，这的确是一个需用心、用智、用术破解的课题。

走上运动场，犹如上战场，没有退路；来到体育课堂，犹如上项目，没有犹豫。王叶妹老师将在体育运动场上的拿手好戏和体育操场上的过硬招式，转化成在专著上的力透纸背，为我们展现了她的拼搏、冲刺和成果。

第一，她的专著专攻的主题指向"双新"推进下不可忽略的关键点——大单元教学设计，这也是一线体育教师具体实施的痛点……大家知道，核心素养培育，正成为学校完成立德树人根本任务的重要目标，也是现代教学遵循教育规律的重要导向。以核心素养为大单元教学的出发点和归宿，是践行学科育人的有力抓手，也是学科教学转型的有效途径。

大单元教学，不是对单元教学的简单放大，而是以课程标准为依据、学科教材为载体，对教学进行整体化、情境化、结构化和递进化的设计，汇入跨学科学习和多学科融合，彰显行而有格、设而有意、动而有育、教而有效。大单元教学，是对立德树人根本任务的实操性回应，也是对现代教学产能产效的价值增值，更是对学科教学从单一的学科目标导向全程育人的一种变革和创新。王叶妹老师的专著，用专门的课题研究、专项的体育教学、专题的教学设计，和盘托出了她的所行、所思、所论。这是体育学科对单元教学的破解，也是体育课堂对单元教学的实践，更是教研人对单元教学的建业。

第二，她的专著专攻的主题采用多管齐下的"组合拳"，以聚焦体育课堂教学难点、回应教师痛点的"大兵团"作战方式，对一线体育老师理解、落实单元教学有启迪作用。书中所呈现的"核心素养视域下体育与健康大单元教学设计与实践"是"上海市大中小学教师学科研修基地教师专业发展实践研究项目"的结题报告，以学科为基点，对大单元教学在体育教学中的意义、价值和作用进行了深刻分析，对体育课堂如何实现大单元教学设计进行了全面架构，提出的主张和见解，不仅具有学科特点，更有大单元的意味和大单元教学的寻味。事实表明，大单元教学在体育课堂的日臻完善，正是以体育人的最大化、以教求效的最优化。

第三，她的专著专攻的主题在析研中"探求"、在学研中"演绎"、在思研中"出彩"，展现了大单元教学的特点、亮点，是对大单元教学设计的归纳、提炼。大单元教学是大视野的，大单元教学设计是大格局的，这在她的专著中可以找到许多实例。这里，不仅有体育运动项目，如足球、乒乓球、田径、武术，还有体育文化、体能、跨学科主题等设计示例与说明，更指向有深度学习的优化策略、学练赛评一体化设计与实施示例，以及情境、资源和技术、平台等交融的区域内各层面的学科教研，涉及面较广，研究的视角多元。由此可见，对单元教学设计与实施，应充分考虑，讲究对教育规律的遵循，讲究以学为主、动中培育的核心，讲究对身心发展、运动技能形成规律的尊重，讲究对师生互动和教学相长的追求。单元教学设计与实施，从严格意义上说，既是阵地战，也是游击战，既是保卫战，也是冲锋战；要站得高、看得远、想得深、做得全；要有系统思维、结构意识、持久心态。积小胜为大胜，从简单入手，从眼下着手，从实际破题。

教育是一场远征，无止境；教学是一种跋涉，无禁区。教师的职业，可以比喻为一辆"马车"，教学与研究，犹如推动专业发展的两个"车轮"。要想提高教书育人的境界，这辆"马车"需要格外壮观，两个"车轮"需要格外强劲。王叶妹老师的专著，可谓是对此的一个注解。

我衷心希望王叶妹老师在体育教育教学的征途上快马加鞭，迈入新的境界，在体育学术上展现更快、更高、更强的奥林匹克精神，勇攀新的高峰。

徐燕平

特级教师、正高级讲师

2024 年 5 月 28 日

序 二

个人成长的乐曲谱入区域教育发展的华章

前段时间，王叶妹老师告诉我她的第一本书已经完稿，邀请我为书稿作序，我欣然应诺。教研员作为教研工作的关键主体，是区域教育教学高质量发展的"隐形翅膀"。作为学院的管理者，看到自己的教研员将个人专业成长的乐曲谱入区域教育发展的华章，两者交相辉映，还有什么比这更让人欣喜的呢？

王叶妹老师是中学体育教研员，2015 年调入闵行区教育学院。多年来，她与学科教师们紧密合作，并肩作战，共同挖掘教材、优化教学方法、创新教学模式。2022 年《义务教育体育与健康课程标准（2022 年版）》颁布后，在她的引领下，中学体育教师团队探索应用大单元教学相应的理论研究和操作方法，为体育与健康大单元教学的设计与实践打下了坚实的"地基"。

此书主要服务于一线体育教师，因此，王叶妹老师在第一辑针对体育与健康大单元教学的理论如何结合教学实践，作了"浓墨重彩"的阐述，将大单元教学的主要结构和设计程序的"框架"层次铺开，帮助教师在应用此书时深化理解。第二、三辑以多个极具代表性的示例与课例解析，解决教师在设计大单元教学时所面临的"主题选择、整体规划、任务设计、情境创设"等方面的困惑，促进教师进一步明确大单元教学是落实课程标准的重要中介，是达成课程标准的有效路径，是对学生学业进行过程性评价的重要依据……从而真正做到"知来路、行前路、明去路"。

相信一线教师在阅读、理解本书后，能够推开单元整体设计的"窗"，看见"照射"在单元教学设计之上的"光"，能够重新"认识学科、理解学科、推动学科、释放学科"。

初心如磐，行远自迩。正是有王叶妹老师这样的教研员，在服务学校教育教学、服务教师专业成长、服务学生全面发展、服务教育管理决策中,践行"知责于心、担责于身、履责于行"的职责担当,学校体育发展才拥有强劲且持续的动力。

我为王叶妹老师和区域优秀的教研团队感到自豪,也对这本书的出版充满期待。愿这本书成为一线教师的良师益友,共同推动全区体育教学的创新实践。

朱靖

上海市闵行区教育学院党总支书记

2024 年 6 月 8 日

目　录

第一辑　在析研中"探求"

第二辑　在学研中"演绎"

[单元教学设计]

[课时教学示例]

第三辑　在思研中"出彩"

第一辑

在析研中"探求"

核心素养,蕴含教育思想、育人宗旨和培养指向,具有多元的内容和价值,是教师教学的"标",更是学生行而有"格"的基点。在多重内容、多层价值和多元践行者中,通过析研的交会,释放出巨大的能量。

核心素养视域下体育与健康大单元教学设计与实践

第一节　核心素养视域下体育与健康大单元教学研究

一、研究背景

（一）践行新课标课改理念的必由之路

为落实立德树人的根本任务，《义务教育体育与健康课程标准（2022 年版）》（以下简称"新课标"）明确提出课程目标从注重知识点、技战术的理解与掌握，全面转向培育学生的体育与健康必备品格、关键能力与正确价值观念，具体提出改善课程内容整体设计的思路①；并在课程实施教学中建议以大单元教学架起连接学科知识与核心素养的桥梁，明确了大单元教学是对某个运动项目或项目组合进行 18 课时及以上相对系统和完整的教学，其既能使学生掌握所学项目的运动技能，又能加深学生对该项运动完整的体验和理解②。同时，新课标将如何深入推进体育学科核心素养培育作为重要方向，而大单元教学是学科教育落实立德树人、发展素质教育、深化课程改革的必然要求，也是学科核心素养落地的关键路径。探索核心素养视域下体育与健康大单元教学的设计思路

---

① 董翠香，刘昕，邵伟德，等."体育与健康课程核心素养与课堂教学设计"专题讨论六人谈（三）：指向核心素养的体育大单元教学设计[J].体育教学，2022，42（6）：12 - 15.
② 王云生.体现深度教学理念的大单元教学设计：以中学化学教学为例[J].基础教育课程，2021（20）：61 - 67.

与具体实施,是当前迫切需要解决的问题。

(二) 实现高质量教育体系的应然之需

高质量教育体系,是迈向新征程的需要,是推动经济社会发展的需要,是教育实现跨越发展的要求,也是坚持以人民为中心的要求。教学是教育的核心和主要实施途径,高质量教学是高质量教育的保证和基本衡量标准。但是课堂教学中,大多数教师一般按照教材编排的"单元"和"课时"顺序进行教学,而忽视相关知识的内在联系和对教学缺乏整体性把握。教师不以学生为中心,采用传统的教学方法"教教材",导致学生体育学习热情减退、思维发展未能形成关联结构与拓展结构,并且对于学生正确价值观和实践能力的培养远远不够。新课标提倡教师"用教材教",教师选择、整合教学内容并创设情境,引导学生进行深度学习的过程更符合新课程改革的要求,也益于对学生的培养由"知识本位"转为"素养本位"[①]。

二、研究意义

(一) 促进体育与健康大单元教学的新尝试

大单元的教学需上接课程设置、教学思想,下引教学方法、教学模式,每个单元不光有教学"点"的设计,还有教学重点"面"的设计,更有贯穿学期、年级、水平或学段的大单元"线"的设计,对于当前深化教学改革、提高教学质量有着重要意义。研究期望提炼出核心素养视域下体育与健康大单元教学的关键要素,探索大单元教学设计的主要流程,形成设计属性表及归纳出主要策略。在前期分析、整体规划、具体实施的流程中解析课标、重组教材、掌握学情,解决大单元教学教什么、学什么、怎么教、怎么学的问题。

(二) 深化体育与健康大单元教学的新实践

1. 以主题为统摄,将"碎片化"转为"结构化"

提炼单元的重要主题,以主题为线,将散乱的知识加以归纳、整合,促进新旧知识的融会贯通,使之纲领化、条理化,从而帮助学生对知识进行有效编码和系统归类,促进知识迁移,更好地把知识内化为能力,实现深度学习,培养高阶

---

① 钟启泉. 从"知识本位"转向"素养本位":课程改革的挑战性课题[J]. 基础教育课程,2021 (11):4-20.

思维,形成核心素养。

2. 以目标为引领,变"内容组合"为"学习组合"

遵循学科逻辑和认知逻辑,以及学生学习需求等,制定凸显整体性的单元目标,在单元目标的引领下,使各课时的任务设计相互关联,且各有侧重,层层递进,从而有效达成单元目标。在课时推进及相关实施过程中,聚焦任务设计的层次性,帮助学生在已有知识和新建构知识之间搭起"脚手架",让学生从"可能达到的发展水平"顺利提升为"已经达到的发展水平"。

3. 以情境为抓手,变"被动学习"为"主动学习"

针对不同教学内容进行学材剖析,并结合对学生的学情基础分析,探索"学、练、赛、评"一体化教学模式在大单元教学中的落实,在学习实践过程中将展示与比赛、规则与裁判方法、观赏与评价的内容进行设计与实践,通过创设引导性的问题,以及角色分配、任务分工、分组轮换等方式,促进学生实现同步与异步的交互性学习,并为学生打造完整体验运动项目、解决现实问题、实战思维训练的真实情境,以此提升学生的核心素养和综合实践能力。

(三) 推进体育与健康大单元教学的新发展

1. 立足学情,引导学习从"学会"到"会学"

实行核心素养视域下体育与健康大单元教学,有利于落实"教会、勤练、常赛"理念,构建学练赛一体化课程教学体系,解决教学内容排列"低级重复"、教学过程"单一断裂"、教学效果"无趣低效"等问题,从而形成一个"学练赛相互补充"的体育课程教学新体系;还有利于保证学生有一个长期连续和深入系统的技战术学习过程,保证学生所学的运动项目有充裕的学习、改进、提高与运用的时间,实现"由不会到会、由不熟练到熟练、由熟练到精通",最终形成终身体育实践能力。

2. 坚定主导,夯实师能从"育体"到"育人"

推动教师改变"以教师为中心"的体育学习方式,使其在提升学生学习主动性、投入度和参与感的教学设计与实施上下功夫,在注重学情调研分析、学生学习方式、主题活动设计、诊断评价设计上下功夫,使体育教师从学科教学向适应社会变革和学生学习需求的学科育人转变。在教学实践中,满足学生对终身体育锻炼和身体娱乐的需求,引导学生深入掌握知识技能与学练方法,理解并评判学习内容与过程,获得良好体验,从而让学生在学习中感受体育学科特有的价值,以其在体育学习中的所感、所得,观察生活、认识世界。

总之,核心素养视域下的体育与健康大单元教学不仅是为了引导学生更好地参与学练,培养自主学习、创新思维、动手实操的能力,也是为了促进教师提高课堂教学效率,强化教学效果,让人才培养向着终身学习的方向发展,提高学科核心素养,为学生未来的学习生活打下良好的基础。

三、研究现状

(一) 大单元教学理论研究现状

关于体育"大单元教学"的研究,最早可以追溯到 20 世纪 90 年代初,毛振明认为"大单元教学"是体育教学改革的突破口,主要指出深入有效的学习需要"较长的学习过程"[①],但对"大单元教学"的内涵未作界定。吴维铭和卢闻君在《体育大单元教学理论与实践的研究》中对体育内容实行大单元教学的理论作了初步探究,并对设计的教学内容进行了试验比较,提出大单元教学不仅要对传授内容进行分析,还要注意引导学生如何去学习[②]。其后,相关研究很少见。近年来,伴随"核心素养"的深入实施,特别是 2019 年崔允漷教授在《学科核心素养呼唤大单元教学设计》中提出指向学科核心素养的教学变革促使传统"单元"和"课时"教学转变为大单元教学后[③],大单元教学再次被专家学者与一线教师密切关注,对大单元教学的研究渐趋繁荣。如余纯璐提出,大单元教学是从优化教材结构着手,运用系统的"整体原理"编排教材,贯通教材之间的联系[④],使每个单元不再是点滴零散的知识点,而是一个知识链、知识块。

1. 系统论的整体原理

系统论的核心思想包含三个层次:一是任何系统均作为一个有机整体存在;二是系统功能不简单等同于各要素之和;三是各要素之间不孤立存在,必处于系统内部一定位置发挥其特定作用[⑤]。其以具体教学内容为抓手,进而拟定

① 毛振明."大单元教学":体育教学改革的突破口[J].浙江体育科学,1994(10):6.
② 吴维铭,卢闻君.体育大单元教学理论与实践的研究[J].北京体育大学学报,1997(4):59 - 63.
③ 崔允漷.学科核心素养呼唤大单元教学设计[J].上海教育科研,2019(4):1.
④ 余纯璐."新课程"背景下的小学体育课大单元教学[J].体育科研,2009,30(2):95 - 97.
⑤ 廖辉.我国基础教育课程改革的类型学与治理机制[J].课程·教材·教法,2021,41(7):39 - 46.

出相关核心目标和核心问题,通过对核心问题的细分,建立核心子问题群和活动序列,结合针对性的教学方法、组织方式、情境设计和评价手段,最终形成一个完备的大单元教学设计系统。随着学科核心素养的细化与清晰,近年来,体育与健康大单元教学作为对教学目标、教学环境及教学对象等要素进行系统分析的"有机存在的独立系统",渐渐由学者从学生素养培育的不同方面进行多元融入,不断介入"深度学习""跨学科融合""五育融合"等不同概念,以求推动系统结构中的各要素相互作用,从而实现目标效益的最优化。

2. 动作发展规律

动作发展包含两个方面,一是可见的动作行为本身的变化,二是这些动作技能变化的过程和产生的原因,它与身体发展、认知发展、情绪心理发展共同交互作用于个体的不同阶段。人类动作发展的客观规律是体育教学的基础理论,也是课程设计的重要依据之一,它是教师建构目标、内容、方法、评价的重要逻辑主线[①]。大单元教学对教学时长的安排则是依据动作技能发展的规律而拟定的,根据具体动作发展的特征、项目学习难度的大小,结合不同水平段学生的发展特点,进而制定单元结构的具体百分比。在学生核心素养的引领下,体育与健康大单元教学设计中以帮助学生合理学习适合自身运动能力的动作技能内容为重要核心任务之一,并通过运动技能不断完善的学习过程,为学生的健康行为、体育品德等提供协同发展的渠道。

3. 具身认知理论

具身认知的核心内容是关注身体机能状态与情境性的模拟、行动对人的心理、行为的作用和影响。具身认知的形成与感觉运动系统有着直接的联系,它不仅限于脑部活动,而是身体的四肢结构、五官位置、肌肉骨骼状态、感官感受、行为活动,情绪、情感、情境相互作用的过程。体育教学的内容和形式决定了在教学建构中教师要聚焦学习者的身体、环境和认知,并催生出一种交互性、开放性、体验性更强的学习情境,而该学习情境一般以生活化、游戏化、竞赛化等方式呈现。体育与健康大单元教学因其结构规模的优势,赋予了教师和学生更加充足的空间,在满足于基本技能学习的同时,又能够为学生开创更具效率和活力的课堂体验。

---

① 贾洪洲.体育教材内容排列原理探索[J].西安体育学院学报,2019,36(5):637 – 640.

(二) 大单元教学实践研究现状

1. 从教学内容结构上进行大单元教学实践

(1) 纵向——项目技术动作序列的时序性。

泽费尔特指出,反射/反应阶段、基本动作技能阶段、过渡性动作技能阶段、竞技运动技能阶段,共同构成动作熟练度发展序列模型[①]。模型呈现出明显的递进性和序列性,沿着固定方向不断积累,并受多重因素影响且具有个性化特征。教师在构建大单元教学的内容结构安排上,围绕技术动作发展的这一特性展开,可根据动作发展的序列特点,结合学生学习、身体、心理等水平状态,有效搭建单元内容脚手架,避免内容的前置或滞后。

(2) 横向——项目技术动作链的关联性。

体育与健康大单元教学中的课程内容可以由多个动作或运动项目组成,运动项目一般是由多个技术动作根据一定的教学目标进行组合[②],从而构成完整的运动项目体系。其内容结构的出发点为丰富运动体验,促进深度学习,单元结构中一般包含多个单个技术动作的学习,因此为实现大单元教学目标,除线性序列外,还须考虑技术动作链彼此间的关联性,即组合搭配模式。

(3) 整体——项目技术动作的闭环结构化。

核心素养的形成必定基于特定的活动练习或运动竞赛,而非单个技术动作的学习,但技术动作是开展活动练习和运动竞赛的必备基础。在建构大单元教学内容时,应充分考虑技术动作学习与阶段性学习目标的辩证关系,即学习与应用。

2. 从教学容量上进行大单元教学实践

(1) 课时容量。

部分国外学者对单元学习活动设计的研究集中在单元课时容量上,并对之进行了细致的论证,突出表现在规划多少课时学习本单元和完成教学任务,其实质上是教学过程的跨度问题和教学容量的合理性问题。美国体育学者西登托普认为9课时的单元只能是经验性的体验,容易造成过剩的初级体验,所以

---

① 李强. 儿童运动能力发展理论与实践[M]. 南京:东南大学出版社,2021.
② 李健. 体育与健康学科大单元教学标准探究实践[J]. 天津教育,2022(19):28 - 29.

对单元规模的要求是 9 课时以上①。对于一些需要随着外部情境变化作出相应变化的、需要学生具备处理外界信息能力的、需要学生对事件的发生具备预测能力的开放性运动技能项目，更适合每学期 18 课时以上、每学年 36 课时以上的大单元教学。体育学科的教学由于其身体实践的特性，应从大单元考量学习活动设计，才能初步达成该学段对参与实战比赛的任务要求，才能从碎片化教学转向结构化教学，从技战术学练转向项目的完整体验，帮助学生享受运动与学习的乐趣。

（2）内容含量。

体育与健康大单元教学的出现避免了完整运动项目的分离、教学的间歇实施，以及因在一段时间内不同项目的教学，造成运动技能学习的负迁移②。大单元教学既能使学生掌握所学项目的运动技能，又能加深学生对运动的完整体验和认识。在教学内容上，倡导以真正使学生掌握 1～2 项运动技能为主，从以大单元教学设计优化教材结构和通盘设计着手，发掘课标与教材之间、运动项目与教学之间相互关联和互为补充的内在关联，使每个单元不再是"零散的知识点、单一的技术点"，而是一个"知识链、知识块"，一个"技战术配合链"。在此基础上，尝试跨学科的知识融合与运用，帮助学生在课堂上可以尝试用不同的学科知识与生活经验去学习、练习、比赛，相互间进行深度探讨。

（三）新课标对大单元设计的引领

新课标的出台，使教学目标从知识点的认识、理解与记忆，转变为学科核心素养的关键能力、必备品格与价值观的培养，这要求体育教师必须提高教学设计的站位，即从关注单一的知识点、课时转变为重视单元学习活动设计③。在单元学习活动设计的过程中需关注不同单元的横向与纵向的内在逻辑。前者是指一个单元内部的知识、技术、战术、比赛、体能等内容之间的横向联结；后者是指不同单元之间各类内容之间的纵向联结。为了促进学生熟练掌握运动技能，并能将运动技能在不同情境中展示或运用，更要考虑学生经过学期、学年、

---

① 潘建芬. 大单元教学设计初探：以体育课程为例[J]. 基础教育课程，2018(19)：40-44.
② 袁鸿祥，徐兴国，唐国瑞. 基于核心素养导向的体育大单元教学研究[J]. 教学与管理，2021(1)：52-54.
③ 尚力沛，程传银，赵富学，等. 基于发展学生核心素养的体育课堂转向与教学转变[J]. 体育学刊，2018，25(2)：68-75.

学段等阶段的学习后对运动项目的深入理解,以学科观念为核心来推动体育学科核心素养的落实势在必行①。其中,体育品德的塑造和健康行为的促进是在以学生为主体的学习活动中实现的,这就要求体育教师在设计教学时要充分站在学生的视角考虑,把发展学生的体育学科核心素养同单元学习活动相联系。

1. 大单元设计的明确要求

当前,面对新一轮基础教育课程改革对发展学生核心素养的新要求,大概念、大主题、大单元、大任务架起了连接学科知识与核心素养的桥梁。所谓的大单元教学是指对某个运动项目或项目组合进行 18 课时及以上相对系统和完整的教学②。倡导体育与健康大单元教学是基于学校体育教学与终身体育接轨的考虑,是为国家实用型建设人才综合素质的培养奠定健康体魄的基础。运用体育与健康大单元教学能使学生在各种比赛中适应不同角色,学生运动能力、健康行为、体育品德等核心素养也得以发展。开展核心素养导向下的大单元教学设计是当前体育教学深度变革的硬核挑战,是立足于单元对学习内容进行分析、整合、重组和开发,进而形成具有明确的主题、目标、任务、情境、活动、评价等要素的一个结构化的包含多种课型的统筹规划和设计。

2. 核心素养的坚定追求

在新课标视域下,基于培养核心素养进行体育与健康大单元教学设计时,首先,要明确"立德树人"的根本任务、"健康第一"的指导思想、"以体育人"的价值取向③,这是在传授体育知识与技能、提高学生体质健康水平、组织专项运动比赛或展示、传承体育运动文化时需要坚持的首要原则。其次,要实现"以知识与技能为本"转向"以学生发展为本","三维目标"转向"核心素养目标","教学质量评价"转向"学业质量评价","教材知识单元"转向"学生学习单元",这是在理念引领、目标撰写、评价设计、内容分析时需要转变的思想观念。再次,要呈现活动化、结构化、情境化的"学、练、赛、评"一体化过程,以及知识链、问题链、任务链的高阶思维训练过程,这是在教学环节安排、时间分配、内容关

---

① 张庆新,陈雁飞,黄春秀.大概念、大单元、任务群:实战能力进阶导向下重构中小学排球教学内容体系[J].首都体育学院学报,2021,33(4):378-383.

② 吴桥.大单元体育教学内容建构的思辨与存疑[J].教学与管理,2020(12):89-91.

③ 邵伟德,李红叶,齐静,等.体育学科核心素养与体育教学目标对接的方式、困境与策略[J].体育学刊,2020,27(6):90-96.

联、教法运用、学法指导、进阶路径重构时须具备的思维方式。最后,要促进学生持续性、系统性、自主性地进行体育学习,为运动兴趣与运动专长的形成、强健体魄与健全人格的练成、健康生活方式与健康行为的养成奠定良好基础,这是在不同水平目标实施、长期目标指向、学生健康成长规划时需要深挖的内核要素。

四、研究目标

(一)阐述核心素养视域下体育与健康大单元教学设计思路

梳理核心素养、大单元教学等核心内容的内涵、特征与国内外研究现状,并以此为依据将大单元教学与新课标教学建议相结合,阐述核心素养视域下体育与健康大单元教学的关键要素、设计思路、属性表,以期完善大单元教学的理论基础。

(二)设计核心素养视域下体育与健康大单元教学实践案例

以新课标为准绳,以上海教育出版社《体育与健身(试用本)》教材为依据,利用核心素养视域下体育与健康大单元教学设计属性表与教学策略,进行"排球、乒乓球、田径"大单元教学设计,提供一种在核心素养视域下的体育与健康大单元教学的实践尝试,为一线教师提供更宽的教学视角,帮助教师对教材内容进行重新集中再组合、再分配,以加强教学的整体性、系统性和有效性。

五、研究内容

如果说知识点是"砖",那么知识单元就是"房子",学习单元就是"家",而问题链、学习情境、任务群就是"水泥""沙""钢筋",本研究将在大单元规划下创设情境、联动任务、联结问题、聚焦素养。

(一)把握"一个中心思想"

新课标坚持"健康第一"的中心思想,大单元教学也以学生的健康为核心目标,因此在设计大单元教学时,应以学习为中心,以整体的目标任务为驱动力,结合具体的教材,选择有利于培养学科核心素养的情境任务,以促进学生的全面发展。

(二)明确"两个重要概念"

新课标所提出的"核心素养"和"学业质量"是在教与学两个方面对体育与

健康课程的课程目标和学习表现进行的落实依据与总体描述。可以说,"核心素养"是课程的出发点与落脚点,学业质量是连接课程目标、课程内容、教学方式、学业评价的桥梁。

(三) 依托"三个有效升华"

核心素养视域下体育与健康大单元教学将零散的知识彼此衔接起来,形成一个有价值的知识单元;将静态的教学知识转化为动态的教学情境,拉近学生认知结构与教材知识结构、素养结构之间的距离,将知识单元转化为基于学情的学习单元;尝试使学习内容跳出教材,将与学生的生活经验相关的元素融入其中,运用适合的、丰富的课程资源进行统筹,将学习单元进一步深化为面向未来生活的发展单元。

(四)追求"四个重要转变"

体育与健康大单元教学重视"知识导向"向"素养导向"的转变,将知识与技能的教学转化为培育核心素养的过程;坚持"课时活动"向"单元活动"的转变,实现学习目标与学习内容的结构化;明确"知识学习"向"问题学习"的转变,以问题启动教学,将教材主旨渗透于问题解决过程中,借助问题的推动,有效地串联核心学习活动;强调"能力提高"向"能力迁移"的转变,促进学习的保持和迁移,达到"课内与课外结合,课内向课外延伸"的目的,从而帮助学生在知识与技能的发生、连接和创新的过程中以知促行、以行获能。

六、研究思路

项目团队整合了多种资源,通过区域内的合力部署,形成了以区域教研统筹、以种子团队引领、以试点学校先行的项目推进机制,制定了"理论研究分析——开发规格样例——形成课堂样态"的研究推进思路,力求更加高效地开展研究和实践工作,保障师资强化、教学改进和资源库建设的同步推进(见图1),促进项目成果和团队凝聚的多点开花。

本研究通过文献法、专家访谈法对学科核心素养、大单元教学等核心内容的内涵、特征进行梳理,在基于理论的基础上结合师生问卷,量化师生对于大单元体育教学的态度、意识、需求因素,形成核心素养视域下体育与健康大单元教学的关键要素,以此为依据将大单元教学构思与新课标教学建议相结合,形成体育与健康大单元设计框架的初步设想,并设想以"乒乓球"项目为载体进行实

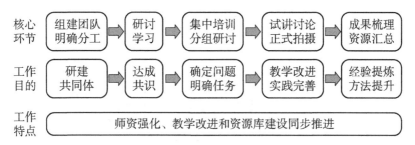

图 1　教师研究与实践工作

践尝试,通过"乒乓球"大单元的设计与实践归纳相关案例,对案例进行分析和
讨论,修正完善体育与健康大单元设计框架和实践策略,并以此框架设计其他
教学大单元,深化落实行动研究的"理论——实践——理论"的模型,以期完善
体育与健康大单元教学理论与实践的整体性、系统性和有效性。基于以上思
考,本研究的研究思路如图 2 所示。

七、研究方法

1. 文献资料法

在国内学术数据库中检索了大量文献,其中包括:①电子数据库,如中国知
网数据库;②学术搜索引擎,如百度学术、谷歌学术;③图书馆,如闵行区教育学
院馆藏资源。以"新课标""大单元教学""体育大单元"等为关键词,检索和查阅
了近 10 年的相关文献共 180 篇,并对全国优质课的单元教学设计进行分析,结
合全国教学展示课的执教者和设计者的教学经验,综合核心素养视域下体育与
健康大单元教学设计的理论与实践的各种资料,提取出所需要的信息,为研究
提供理论支撑。

2. 访谈法

围绕体育与健康大单元教学对学校体育领域知名专家、体育教师、体育教
研员、相关教育部门负责人进行开放式访谈,了解专家和一线教师,以及学科带
头人对于核心素养视域下体育与健康大单元教学设计的态度和认识。在整合
意见后,以半结构访谈对领域内的专家进行深入访谈,从而为研究提供更多指
导性的理论与实践基础。

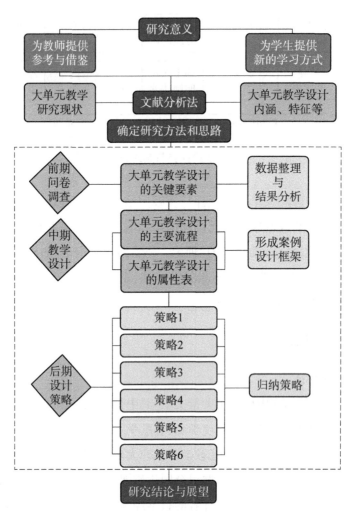

图 2 研究思路图

3. 案例分析法

在教学之初,课题组有组织地进行集体备课,进行大单元教学设计案例的教学尝试。在分析经典的大单元教学案例后,先由教师个人提出采取问题化教学思路的教学内容和初步设计方案,授课教师阐述上课过程及策略依据,说明每个问题的设计思路,组内教师互动交流,提出修订意见,优化体育与健康大单元教学设计案例。

4. 行动研究法

本研究主要采用"边设计、边实施、边完善"的行动研究法,在日常的体育教学中探索大单元教学设计的流程、路径和策略,参与研究的全体人员既是研究者,又是课堂教学实践者。坚持"教学即研究,研究即教学"的研究方式,在实施学科课程的教学实践中,寻找出问题,与专家合作,将其发展成紧密围绕本课题的研究内容,设计问题辅助教学,深入开展研究与探索。在对大单元教学的基本理论和实践模型进行研究后,设计实践方案与教学计划,并通过教学实践的不断推进,针对研究中遇到的具体问题进行分析、论证,使理论和实践、成果与应用有机地统一起来。

5. 问卷调查法

根据文献梳理和访谈结果设计核心素养视域下体育与健康大单元教学设计的学生问卷与教师问卷,以期了解学生、教师对大单元教学的认知、态度、需求等。笔者采用分层抽样的方法抽取闵行区几所学校进行问卷调查(主要的学校类型包含普通初中、九年一贯制学校、完全中学;学校所属地理位置包括区域中心位置、区域边缘位置),最终共发放学生问卷 800 份,回收有效问卷 768 份,有效回收率达 96.0%。教师问卷 120 份,回收有效问卷 94 份,有效回收率为 78.3%。

6. 数理统计法

笔者使用 SPSS26.0 统计软件对数据进行统计学分析。第一,针对学生和教师对体育与健康大单元教学的认识、态度和需求进行描述性统计分析,用样本中有体育与健康大单元学习经历的学生百分比表示学生的体育与健康大单元学习经历;用样本中对体育与健康大单元教学有需求的教师百分比表示本研究对于教师体育与健康大单元设计能力提高的重要性;第二,通过调查学生和教师对于体育与健康大单元教学中不同环节的认知差异,确定体育与健康大单元教学中前期分析、整体规划和具体实施各环节中不同要素的易理解性和易推广性;第三,根据分析结果讨论核心素养视域下体育与健康大单元教学设计的关键要素,为核心素养视域下体育与健康大单元教学的设计与实践研究提供参考。

第二节　核心素养视域下体育与健康大单元
教学设计的概念、内涵与特征

一、核心素养视域下体育与健康大单元教学设计的概念

1. 大单元教学

根据学生的认知习惯和知识的内在逻辑关系而提出的以教材单元为基础，在大概念的引领下，以大主题为统领，设计真实情境，整合学习内容，旨在通过一个个活动，帮助学生完成具有内在联系的任务，进行有效深度学习，提升学习体验，为发展学生核心素养而确定的较长阶段的学习过程。

2. 大单元教学设计

在核心素养导向下，以促进学生全面发展为目的，将教材内容进行生活化解构，从学情基础出发对学习内容进行整体上的分析、整合、重组和开发，依据大单元主题和目标，形成由挑战性任务、真实性情境、实践性活动、多元性评价等要素组成的一个具有系统性、关联性、递进化、科学化特征的统筹规划和科学设计。

3. 体育与健康大单元教学设计

围绕学生的运动能力、健康行为、体育品德等素养目标，在以身体参与为主的基础上，以知识学习、技能强化、人文熏陶、经验丰富等教学意图，在较长阶段的运动项目学习中形成符合不同学习者的有意义的身心经历，帮助其在思维升级、学习深化中全面发展。

二、核心素养视域下体育与健康大单元教学设计的内涵

在体育与健康大单元教学设计中，一个大单元便是一个逻辑自洽的学习系统。从它的内部来看，它满足了学生自主学习的需求，而从外部来看，它又向外部世界延伸，将学习的场域扩大到真实生活中去，形成了既闭合又开放的学习系统，为学生的学习创设了一个极佳的空间。

体育与健康大单元教学不是为完成一个知识点或某个单一技术的学习，而

是为完成挑战性任务、解决真实性问题、掌握运动技能、展现健康理念而设置的两两组合或多者组合的混合模式。因此,体育与健康大单元教学只有包含"基本知识与基本技能＋技战术运用＋体能＋展示或比赛＋规则与裁判方法＋观赏与评价"的搭配组合,才能完成对学生学科核心素养的培养,更好地落实"以体育人"的目标。

1. 教学内容视角

以某个运动项目或达标考试项目或某个项目核心技术组合为主体进行设计,注重教材内容的组合和再设计的单项类大单元;注重将多个项目组合形成有机的教学过程和相配套的教学内容"集合"的组合类大单元。

2. 教学实施视角

大单元教学设计可以是一个相对较长且集中对一个项目内容进行系统学习或阶段学习的连续教学单元,也可以是一个相对较长且穿插或嵌入学习的非连续教学单元,具有连续、间歇、交替、不规则等特点。

三、核心素养视域下体育与健康大单元教学设计的特征

从体育与健康大单元教学设计的内涵出发,其意蕴在一个"大"字,因此,其具有大整合、大贯通、大进阶的特点。

1. 教学内容的结构性与序列性体现大整合

新课标要求教学内容建立起结构性的联系,在新旧知识之间,新知识各构成部分之间,新知识与学生生活世界之间等产生关联,形成对知识的整体性认识。故教学内容的立足点必须高、视野必须宽。比如,从课内外走向校内外;从学习迈向生活,真正实现陶行知先生"学习即生活"的"大学习"教育观。

2. 学习过程的系统性与一致性体现大贯通

大单元教学设计对师生行为、思维活动、课程资源等系统性与一致性的设计提出了要求,因此,大单元教学设计强调"学教一致、教评一致、学评一致",使得学生的学习行为、教师的教学行为、学习的评价融合为一个整体,帮助教师在教学过程中持续获取学生关于目标达成的信息,从而做出自己的教学决策,促使学生在学习过程中进行分析、做出判断、形成反馈,不断完善自己对所学内容的理解,以促进后续更好地学习。

3. 不同主体的发展性与创造性体现大进阶

无论什么层级、什么类型的课程,最终都要还原成满足学生自主发展的生本课程。因此,体育与健康大单元教学设计既要考虑每个学生基础的一般性的目标追求,又要满足部分学生特别的个性化的发展需要,从而让学生的认知从迷茫走向清晰,让学生的思维从浅显走向深刻,让学生的经验从单一走向丰富,进而达到素养的大进阶。

第三节 核心素养视域下体育与健康大单元教学设计现状调查与分析

一、核心素养视域下体育与健康大单元教学设计与实践的问卷调查

1. 师生对体育与健康大单元教学的整体认识和态度

由问卷调查结果可知(见图 3),少部分学生了解体育与健康大单元教学的概念(32.6%),但大部分学生在经过简单了解体育与健康大单元教学后非常认可体育与健康大单元教学(90.2%)。同时,只有一部分体育教师认为自己了解大单元教学的概念(45.5%),但是大部分教师非常认可体育与健康大单元教学(87.5%)。

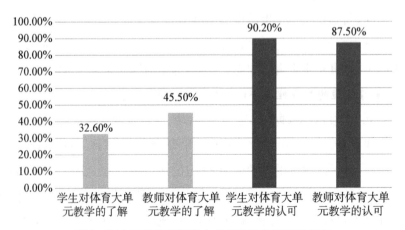

图 3 师生对体育与健康大单元教学的认识和态度

2. 师生的体育与健康大单元教学经历和师能需求

经过调查发现(见图4),少部分学生认为自己接受过体育与健康大单元的教学(21.5%),也有部分体育教师做过体育与健康大单元教学的尝试(43.5%)。少部分教师认为自己熟练掌握体育与健康大单元教学设计(21.6%)。几乎所有的体育教师表示需要相应的学习和培训(见图5),以帮助自己进行体育与健康大单元设计(98.5%)。

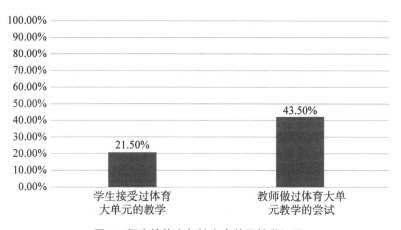

图4　师生的体育与健康大单元教学经历

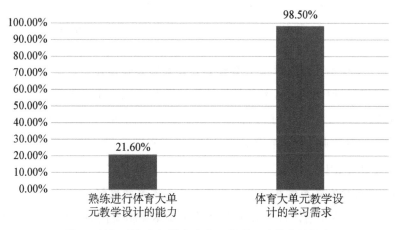

图5　教师对体育与健康大单元教学设计能力的需求

3. 师生对体育与健康大单元教学中前期分析的理解

通过调查发现(见图6),学生在经过教师介绍体育与健康大单元教学之后,认为体育与健康大单元教学应该根据课标要求(80.7%)、学情基础 (92.8%)和教材内容(78.8%)进行设计。体育教师则认为根据课标要求 (97.4%)、学情基础(93.5%)和教材内容(96.4%)来设计体育与健康大单元教 学非常重要。

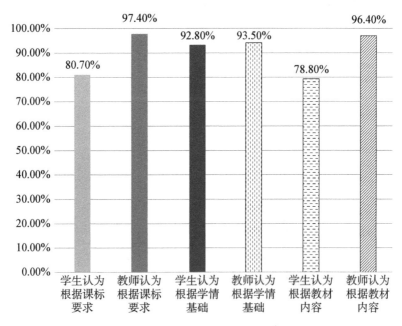

图6　师生对体育与健康大单元教学中前期分析的理解

4. 师生对体育与健康大单元教学中整体规划的理解

由调查发现(见图7),部分学生认为体育与健康大单元教学设计应该包含 学习主题(77.8%)、学习目标(75.9%)、单元内容(83.1%)和单元评价 (84.8%)。而教师认为在整体规划阶段,学习主题(82.8%)、学习目标 (90.8%)、单元内容(85.5%)和单元评价(92.3%)非常重要。

5. 师生对体育与健康大单元教学中具体实施的理解

在听完教师介绍体育与健康大单元的具体实施案例后(见图8),学生最感 兴趣的具体实施部分是问题链(77.7%)、任务群(89.7%)、教学资源(74.6%)、 作业设计(78.2%)。教师认为具体实施阶段的问题链(91.8%)、任务群 (92.5%)、教学资源(86.7%)、作业设计(83.1%)非常重要。

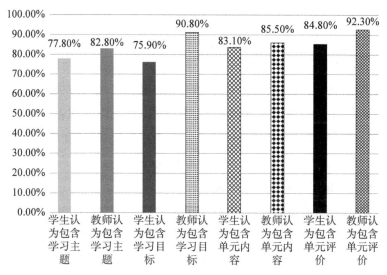

图 7 师生对体育与健康大单元教学中整体规划的理解

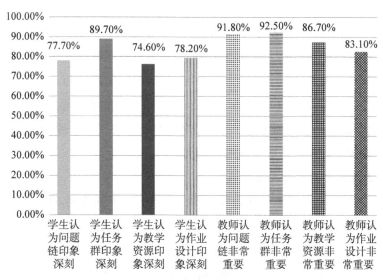

图 8 师生对体育与健康大单元教学中具体实施的理解

二、核心素养视域下体育与健康大单元教学设计与实践调查结果分析

1. 学生需求更迭无法满足

新的教育发展过程中,学生作为新时代的学习主体,对单元学习的需求更

高。但长期的体育教学不仅脱离理论的研学、实践,而且伴随习以为常的教学观,即教学内容往往围绕学生体质监测项目及体育中考项目等。在学生访谈中,很多学生提出希望接收到联系生活主题的学习内容,然而这就对单元规划提出了严峻的考验。体育教师与学生有年龄和生活环境等方面的差异,教师难以深入了解学生的心理需求,从单元规划的准备到结束,难以系统、整体地思考教学计划,反而在教学中过分强调增强体质的固化思维,过度重视学生的技能提高,而不是让学生深度地学习运动技能和理解体育运动。

2. 时代提出"能者为师"新挑战

"有理想信念、有道德情操、有扎实学识、有仁爱之心"的"四有"好老师,可以说是新时代优秀教师的标准。新课标的课程内容涉及基本运动技能、体能、健康教育、专项运动技能和跨学科主题学习五大方面,每一方面都根据水平目标、基于核心素养设计了丰富的学习内容。这就需要体育教师在进行大单元设计时将自己的运动经验情景化,以促进学生在大单元体育学习中的应用迁移,并根据学情基础进行一体化"学、练、赛、评"体系建构。当前的体育教师多元能力薄弱,难以设计和实施大单元教学,主要因为教师在学生时期专注于发展专项运动能力,而未能联系学习能力与学习方法,在职前培训与入职初期的教学培训中专注于提高教学方法和教学技能,但其毕业前的多元能力很难通过职后培训内化形成专项教学能力,加之日常教学中未能把握课程理念,弱化了教学的实践,导致他们难以形成系统的、精湛的多元教学能力。

3. 成熟的实操案例尚未形成

体育与健康大单元教学思路在新课标的推进中不断落实,理论发展持续创新,但是成熟的实操案例并不充分。一线体育教师在把握新课标时,对理论的理解不能对应日常教学,因此,需要有成熟的实操案例作为"范本",帮助教师理解新课标中大单元教学的具体实施,目前符合学生运动技能学习和形成规律的实操案例大部分以某个单一运动项目来设计相应的大单元教学,而成熟案例往往是经过理论指导后对教学实施过程不断反思的反复打磨。新课标提出的专项运动技能包含球类运动、田径类运动、体操类运动、水上或冰雪类运动、中华传统体育类运动、新兴体育类运动六类,大单元教学内容包含基础知识与基本技能、技战术运用、体能、展示或比赛、规则与裁判方法、观赏与评价六个方面。因此,当前的体育与健康大单元教学的理论指导和实操案例亟待广大体育教师通过实践经验充实与创新。

第四节　核心素养视域下体育与健康大单元教学设计的关键要素、流程

一、核心素养视域下体育与健康大单元教学设计的关键要素

1. 从学生的真实需求中提炼大单元教学设计要素

经过前期调查，我们发现学生对于大单元体育教学的模式非常推崇，其兴趣集中于比赛实践或主题聚焦的综合活动中。同时，在层次推进的任务群中，不同学情基础的学生在多元评价的自我成就中更加积极主动地参与学习活动，此外多种多样的教学资源是学生在学习过程中思维转化的"递质"。因此，学生对学习主题、任务群、学习资源、学习评价等方面的需求和学生的学情基础都是大单元教学设计的关键要素。

2. 从教师的教学难点中提炼大单元教学设计要素

在调查和访谈中发现教师往往陷入想尝试却没有方向的困境中，大部分教师将课标的研读和对学业质量评价要求的把握放在教学设计的第一步，然后是对教材的分析、内容的归类、主题的划分、课时的设定等教学实施前的准备工作，随后进行学情的了解、重难点的确定，最后根据学生学习目标完成大单元教学设计，因此，课标要求、教材内容、学习目标也是大单元教学设计的关键要素。

3. 从大单元教学的内涵特征中提炼相关设计要素

体育与健康大单元教学设计有别于其他教学设计的特征，在教学内容的结构性与序列性体现大整合方面，整体、结构、系统的单元规划是全面审视和构建单元的重要依据；而学习过程的系统性与一致性体现大贯通则要求不同课时之间，不同任务、不同情境的贯通需要"龙骨"——问题链，以在大单元学习活动中保证学习的衔接性和逻辑性；而不同主体的发展性与创造性体现大进阶可以通过联动课内外学习的作业设计进行学能实践，通过课内外联动的作业内容检验、提升学习质量和教学设计质量。因此，单元规划、问题链、作业设计也是大单元教学设计的关键要素。

在将关键要素进行凝练后,确定了核心素养视域下体育与健康大单元教学设计的十一大关键要素(见图 9):课标解析、教材内容、学情基础、学习主题、学习目标、单元评价、单元内容、问题链、任务群、教学资源、作业设计。

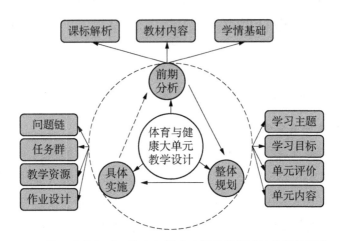

图 9　核心素养视域下体育与健康大单元教学设计的关键要素

二、核心素养视域下体育与健康大单元教学设计的主要流程

对众多案例进行核心素养视域下体育与健康大单元教学设计路径的梳理,构建了"前期分析——整体规划——具体实施"的设计流程(见图 10)。

1. 前期分析

前期分析是教师进行核心素养视域下体育与健康大单元教学设计的基础,是备好课、上好课和达到预期的教学目标的前提和关键。

1)课标解析

课程标准向上承接教育目的,向下指引课堂教学,它是联结教师的"教"与学生的"学"的关键所在。因此,课标解析对于大单元教学设计具有重要的指导意义,是整个大单元教学设计的第一粒纽扣,也是第一个难点,其可以分为"摘记课标叙述、剖析关键词句、归纳梳理结论"三个步骤。

摘记课标叙述是指从学段目标、内容要求、学业质量标准、教学提示与建议等方面摘录与本单元相关的陈述。

剖析关键词句是指先把握关于过程、结果的双行为动词的解释及内容细

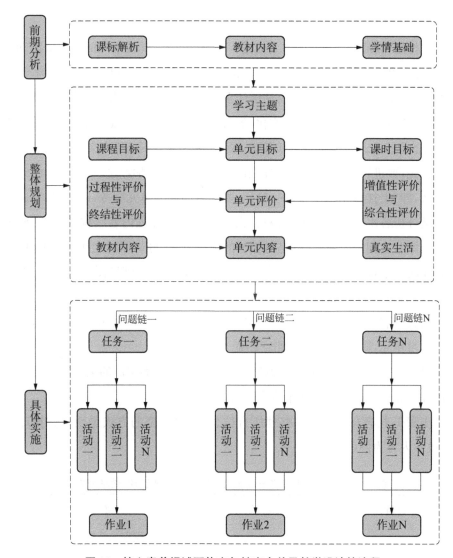

图 10　核心素养视域下体育与健康大单元教学设计的流程

化,再把握涉及每个核心素养的维度、层次、细节,然后从教学提示、教学建议中提炼出有用的教学策略,即怎么学,最后从学习内容、学业质量要求中确立学什么、怎么学。

归纳梳理结论是指从课标解析中确定教学立意,明确学生通过该单元学习应获得怎样的关键能力,确立何种价值观,形成哪种必备的品格[即做(学)什么? 怎么做(学)? 做(学)到什么程度]。

2）教材内容

教材是"教师进行教学的主要依据"，也是"学生在学校学习的主要资源和工具"。新时代教材建设的关键是依据课程标准的要求，按照合理的知识结构、编排序列和表达形式组合成学科教材话语体系，当然还应在学科内容中有机融入社会主义核心价值观、中华优秀传统文化、革命文化等。因此，在教材分析时需揣摩教材蕴含的思维方式、情感表达与价值观，深度挖掘其中映射的历史文化和时代意义。

首先，要进行教材的纵向分析，指的是分析学生在学习这一单元前，已经学过什么，即"上挂"；学生学习这一单元，要为后面哪些单元服务，即"下联"，通俗说就是分析各水平之间的关系，建立大概念统领的课程内容结构。其次，要进行单元课时之间的分析，指的是对教材的横向分析，分析课时之间的知识、概念是怎样的关系，即构建单元大概念结构图及课时知识思维导图，尤其是明晰单元大概念和问题链。最后，分析所选的教材内容是否满足课标要求，是否需要增删内容、调换顺序和变换情境等以进行教材内容重组，并明确单元主题，构建新的学习单元，同时指出单元课时安排。

对整个单元的教学内容的理解，应跨越教材和教参层面的束缚而进行系统的梳理。建议可按照下面几个步骤进行内容分析。

步骤1：按教材自然顺序整理所有信息，通过表格的方式呈现，以"排球运动"教学内容为例（见表1）。

表1　上海市《高中体育与健康》必修选学"排球运动"教学内容

一级目录	二级目录	三级目录
排球	如何二传串联	网前二传保进攻
		改变方向攻不备
		传出快球提节奏
		调整传球组织进攻

步骤2：通过初步分析和提炼主要内容，把聚焦同一内容、不同类型的技术划入一个学习单元，有助于突破按照单个技术进行教学所导致的教学碎片化问题。发现不同的主要聚焦点，找到单元学习的落脚点，以此确定基础小单元。

步骤3：通过分析小单元内的技术，确定学习活动的重点、难点。

可见，教材的深度分析要"深"到教材的上位概念中去，要"深"到教材的深层意义中去，要"深"到知识与知识的纵横联系中去，要"深"到知识与生活的广泛联系中去。因此，教材的深度分析（理解）需要完成四个突破：①自下而上，把握教材的上位概念；②由表及里，把握教材蕴含的深层意义；③由点到面，沟通知识与知识的联系；④由内而外，沟通教材知识与实际生活的联系。

3）学情基础

学情分析是教学设计中教与学目标设定的基础，也是"影响学习系统最终设计"的重要因素之一。新课标在课程理念中强调要凸显学生的主体地位，关注学生的学习与发展需求，更注重学生在学习过程中的主体性表现，因此，深入分析学情，深刻把握学生发展和学习规律成为大单元教学设计的关键。学情分析可划分为学生"前在状态的分析、潜在状态的分析、差异状态的分析"三部分。对学生前在状态的分析，包括对学生学习基础（已经具备的与新知识学习相关的知识经验和能力水平等，学生在学习新知识之前还没有获得的知识等）和一般特征（如学习态度、学习习惯等）的分析，它是确定学习起点和教学起点的重要参考。对学生潜在状态的分析，重点分析学生的学习动机（包括学习兴趣和内外在动机等）和学生的学习需求与可能（不同水平的学生在自己能力范围之内所能获得的知识与能力、方法与经验，学习中产生的好奇点、学习困难等），它强调学生在原有知识基础上的进步。对学生差异状态的分析，重点分析学生在班级、生源、性别和成绩等方面产生的差异。

建议可按照以下几个步骤进行学情分析（见图 11）。

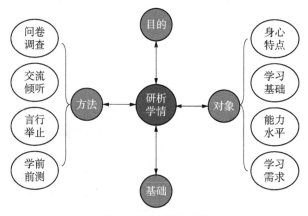

图 11　学情分析步骤

2. 整体规划

1) 学习主题

单元学习主题是围绕学科核心内容组织起来的、对现实生活有意义的、促进学生持续探究的单元学习活动主题。它是单元目标的外在体现,也是推动单元学习深化的"驱动器"。其目的是在学习内容与学习过程的结构、运动项目与学科的特性、育人的意义和价值方面起到引领作用,也能将大单元教学具体的知识、技能、战术、体能、比赛、展示、规则、裁判方法等内容进行互相关联、衔接、整合,形成一个以主题为中心的多维度、放射状、立体化的学习空间,促进学生结构化的知识学习与能力发展,以及健康行为的形成。

2) 学习目标

根据教学时间的长短、教学内容范围的大小,将学习目标分为教育目标、课程目标、单元目标和课时目标,其中单元目标处于课时目标的上位、课程目标的下位,是实现课程总目标的重要因素。单元目标可分解为若干个小单元目标;单元目标与各子单元目标之间相互关联,每个课时目标的设定要为达成子单元的目标服务,每个子单元目标的设定又要为达成单元整体目标而服务。

新课标将体育与健康课程目标依据核心素养划分为运动能力、健康行为和体育品德3个方面,所以大单元学习目标也要在这3个方面上均有所体现,将核心素养在目标中具体化,并对大单元教学的内容、任务、评价起到一定的导向作用。其中,运动能力学习目标的设定建议尽可能考虑从基础知识与基本技能,技战术运用、展示或比赛,体能3个维度——呈现。健康行为的学习目标则可围绕体育锻炼意识与习惯、健康知识与技能、情绪调控、环境适应4个维度设定。体育品德的学习目标则可以围绕体育精神、体育道德和体育品格3个维度设定,但是具体呈现可将各个维度适当进行融合。表2为中华传统体育类运动"长拳二段"大单元学习目标。

表2 中华传统体育类运动"长拳二段"大单元学习目标

核心素养	维度	学习目标
运动能力	基础知识与基本技能	了解长拳发展史中的主要事件和蕴含的民族精神,理解长拳的技法特点与动作的基本原理,说出"跃步劈掌、弓步反劈拳、翻身跳"等主要动作的技术要领,识别蹬腿、鞭腿、侧踹的腿法,掌握长拳的组合动作技术和长拳二段套路(单练、对打),

（续表）

核心素养	维度	学习目标
运动能力		制订并实施长拳学练计划
	技战术运用、展示或比赛	运用正确、规范协调的基本动作技术、组合动作技术和套路完成独立展演，学会创编简单组合；能将长拳二段的单招对拆、声东击西等技战术运用到个人和小组展示或比赛中，运用所学技战术进行长拳二段拆招，并能在模拟攻防情境中运用防身自卫动作；思考个人制胜的时机和劲力等因素的同时鼓励集体协同作战；理解长拳比赛中步法或腿法错误的判罚，能组织比赛并承担班级比赛的部分裁判工作；通过现场或网络等文明观赏不少于 8 次展演或比赛，并从动作质量、演练水平等方面对展演或比赛进行评价
	体能	独立参与协调性、平衡性、力量、速度、耐力等体能练习，体质健康测试成绩达到合格以上
健康行为	体育锻炼意识与习惯	能在校内外体育锻炼时自主学练长拳，与亲友分享所学的长拳二段动作，养成进行长拳锻炼的习惯
	健康知识与技能	知道长拳运动中常见的运动损伤部位，加强自我保护意识，掌握预防与简单处理常见拳术运动损伤的方法
	情绪调控	在长拳学练过程中，保持情绪稳定、机智果敢；在教学展演中表现出乐观开朗、包容豁达、善于交往的态度，具有协作意识和团队意识
	环境适应	在学练、展演或比赛中保持安全间距，观察周边环境，具有较好的环境适应能力
体育品德	体育精神	积极参与长拳展示或比赛，表现出沉着冷静、勇敢果断、不断挑战自我的精神
	体育道德	能自觉遵守武术礼仪规范、武德修养和比赛规则，尊重对手，服从裁判，且具有合作互助和公平竞争的意识
	体育品格	能积极处理比赛中产生的问题，表现出敢担当的社会责任感；能感悟仁、义、礼、智、信、勇等中华传统美德

3）单元评价

单元评价是课程实施的指挥棒，它既是黏合剂，能够有效融洽教师与学生、教师与教材、教师与方法、学生与教材、学生与方法、教材与方法之间的关系，又是催化剂，能够增加课堂活性，使不同的学生个体在学习中获得个性化的表达和成长。因此，它是达成大单元教学的关键，更是检验大单元教学效果的重要依据。

大单元评价作为连接课时评价与学期、学年评价的纽带，不仅能起"上下互动、左右联动"的作用，还能牵动质量评价的系统性变革，对于学生素养发展也具有重要意义。

单元学习评价秉持"教学评"一致的理念，它与大单元学习目标紧密结合，且贯穿、整合在教与学过程之中，构成一个紧密联结、良性互动、相互促进的有机整体。因此，在设计大单元学习目标之后，应在具体教学中细化评价内容，将其镶嵌于教与学的每一个环节，充分发挥评价的诊断、改进、调节、激励的功能，让教有所依，学有所评，从而达到"以评促教、以评促学"的效果。单元评价主要有以下四个表现：①核心素养具体化。评价的设置始终指向单元主题，并且基于评价量表将核心素养具体化，使操作具有可行性。②教学评价结构化。评价不是孤立的、零散的，应该层层递进，具有知识与技能关联的结构化。③评价主体多元化。单元评价既包括同伴的互评，也包含学生的自评、教师的评价，甚至是家长评价。④落实生活价值。让学生将知识与技能运用到真实世界中，完成知识的应用与迁移。可见，评价要从传统的期末"一锤定音"转向评价主体、评价过程、评价内容、评价方法和评价形式等的多元评价。表3为评价设计属性表。

表3 评价设计属性表

运动名称					
评价目标	□运动能力 □健康行为 □体育品德				
评价主体	□自己 □同伴 □教师 □其他				
评价类型	□过程性评价 □终结性评价 □增值性评价 □综合性评价……				
评价维度	观测点	评价形式	评价方法	评价工具	评价结果
运动能力	□模仿 □观察 □体验 □思考 ……	□过程性评价与终结性评价相结合 □定量评价与定性评价相结合 □相对性评价与绝对性评价相结合 □学生评价与教师评价相结合 ……	□测验 □动作展示 □现场观摩 □档案袋 □口头评价 □评价量表 ……	□等级制量表 □百分制量表 □课堂观察表 ……	□分值 □等级 □评语 □图示 ……
健康行为	□表达 □参与 □运用 □组织 ……				

（续表）

评价维度	观测点	评价形式	评价方法	评价工具	评价结果
体育品德	□合作 □守则 □自信 □安全 ……				
其他					

4）单元内容

从培养学生的体育与健康学科核心素养出发,围绕课程标准强调的"结构化知识与技能教学"来整合或重组大单元的学习内容,建构学习任务,设计学习活动,使划分的单元在符合学生学习规律的基础上保证专项运动技能的结构化,加强学生对所学运动项目的完整体验和理解。比如整体、深入地研读不同学段的教材,对教材中孤立、割裂的单个技术动作进行整理,准确把握各教材内容的内在关系;在对学生认知思维作必要预测的基础上,将教材构建成若干个有逻辑顺序的学练内容的集合,实现教学单元构建的结构化,以利于学生知识技能的学习与应用。图 12 为中华传统体育类运动"长拳二段"大单元思维导图。

3. 具体实施

在前期分析和整体规划的基础上设计体现综合性、层次性、关联性、递进性、实践性的学习活动,助力学生围绕主题与目标进行多视角的学习理解、应用实践和迁移学习,通过有意义的活动输出,从而促进学习逐渐从点、线过渡到面。

1）问题链

问题链是培育学生高阶思维、发展核心素养的有效途径。它是教师为了实现学习目标,根据其已有的知识经验,针对学习中可能产生的困惑或亟待解决的问题,借助学生所熟知的现实情境,结合学习资源、认知规律、素养目标等设计的以核心问题为驱动的一组(一般在 3 个以上)有中心、有序列、层次鲜明、系统严密的问题。它既为学生提供学习的路径,又能促进学生高品质的发展。

除了问题所具备的启发性、针对性、可操作性、挑战性等特征外,问题链还

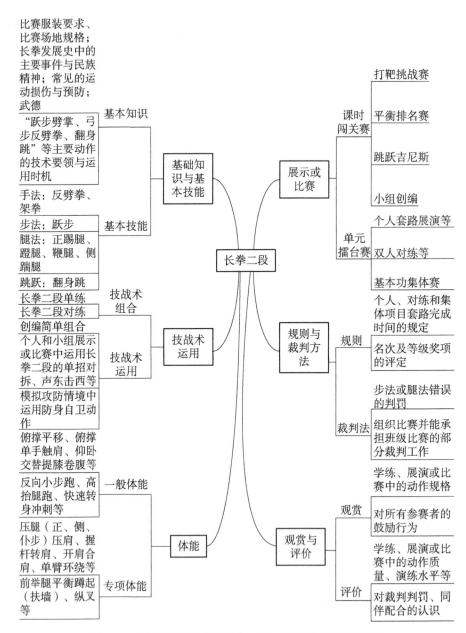

图 12 中华传统体育类运动"长拳二段"大单元思维导图

具有以下特征:一是目标的整体性。问题链以学习目标为核心,重视知识学习的起承转合,具有相对的完整性,注重前后勾连,讲究左右联通。二是任务的层次性。问题链指向学习能力和思维能力的进阶,体现出多样而不烦琐、多元而聚焦、多维而有序,层次分明的特点。三是形式的递进性。问题链要能帮助学生的学习拾级而上,一环扣一环,层层深入。四是认知的逻辑性。问题链要让学生的思维在学习过程中"自然流淌",促进教学整体思维的逻辑性。五是内容的真实性。问题链将内容与生活情境联系起来,使学习内容基于学科又超越学科本身,贴近生活经验。

美国布鲁姆根据其认知目标分类法,将问题分为"知识型、理解型、应用型、分析型、综合型、评价型"六种类型。前三类问题指向较低层次的认知水平,这些问题一般是有明确答案的,后三类问题则指向高阶的思维能力,这些问题具有开放性,没有标准答案,需要通过思考、探究、分析等活动以完成对问题的探寻,在实际情境中还需要调动起各方面经验来协同解决问题。

根据以上理论基础,我们结合体育学科的特点从教师进行教学设计的视角出发,尝试呈现了以下三类问题链的方式:

(1)层层递进型问题链。

层层递进型问题链指的是按照一般事物发展的进展顺序,以串联的方式将问题进行链接,依次推进教学并尤其强调问题间逻辑性的链接方式。它能引导学生由浅入深、由易到难、循序渐进地理解技战术,让学生的思维向深度和广度发展,避免思维"卡壳"。此类问题链的特点是具有聚焦性、逻辑性和层次性。子问题的设计应符合学生的认知规律,子问题之间要层次分明,由易到难,下一个问题的产生是在上一个问题的解决下自然生成的。问题可根据"是什么"→"可以用什么"→"为什么"→"如果用什么"→"你能做什么"→"还可以做什么"等思维层次进行设计(见表4)。

表4 "武术与民族民间传统体育类运动:二十四式太极拳"层层递进型问题链

思维目标	思维能力	思维层次	问 题 链
知道	低阶思维	是什么	"左右直拳""野马分鬃"分别是进攻、防守,还是攻防兼备动作
领会		可以用什么	"左右直拳""野马分鬃"分别可以进攻和防守哪个部位
分析		为什么	为什么可以用"野马分鬃"来防守反击左右直拳
应用	高阶思维	如果用什么	如果不用"野马分鬃",那么还可以用什么动作进行防守反击

（续表）

思维目标	思维能力	思维层次	问 题 链
综合		你能做什么	你能设计包含"左右直拳"和"野马分鬃"的攻防组合吗
评价		还可以做什么	你还可以设计出"进攻、防守、上盘"的攻防组合吗

（2）总结迁移型问题链。

总结迁移型问题链指的是将问题逐一串联，但并不是按照叙事的逻辑展开，而是逐步升华，由基础到深入，逐步接近主题。通过对此类问题的回答，学生逐渐接近中心思想，以独立对所学知识进行总结、巩固。

比如在原地单手肩上投篮学习中，首先，通过对课程标准和教材的研读分析，从主题和目标出发，确定本课的重难点，并提出针对性的问题；其次，根据学情基础进行问题的选取与设计，突出解决教学重难点的环节问题（见图13）。

投篮力量，弧线和旋转与命中率是什么关系？

蹬地力量对投篮力量有影响吗？

抬臂对投篮弧线有影响吗？

压腕对投篮旋转有影响吗？

原地单手肩上投篮与其他技术结合时，双脚落位是什么样的？

常见投篮方式有哪些？

你能说出其中代表吗？

原地单手肩上投篮与其他投篮的共同点和区别？

原地单手肩上投篮可以和哪些技术结合应用？

原地单手肩上投篮如何结合其他技术应用？

图13 "篮球：原地单手肩上投篮"总结迁移型问题链

这种总结迁移型问题链能让问题更有指向性和多元化,有利于学生有的放矢地进行思考,并且便于学生将所学内容进行迁移运用,将解决问题的方法迁移至新的情境中,达到举一反三的目的。

（3）反思循环型问题链。

反思循环型问题链指的是相同或类似的问题多次出现,让学生的思考或实践活动逐步深入,对知识的理解更加全面。比如在排球教学中除了注重技术、战术和比赛能力之外,通过精选时事观点、排球赛事、女排精神及教学比赛中的一些问题等,让学生在解决问题时深刻感受到团队合作、拼搏精神、规则意识等层面对学习、生活、社会的重大影响,让学生身心全面发展,达到全方位育人目标(见图14)。设置反思循环型问题链并不是为了增加问题的难度,而是通过问题的重复出现加深学生的印象,便于学生及时反馈,找出不足,达到反思的目的。

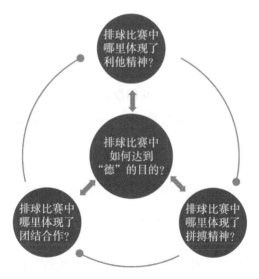

图 14 "排球:一传组合技术"反思循环型问题链

问题链的三种设计范式并不是孤立使用的,可针对不同教学内容和学情特点结合使用,便于师生以动态的合作互动的形式围绕问题链进行多角度、多层次的探索、学习、体验和发现,从而推动思维能够"合纵连横",思维层次能够由低阶向高阶稳步发展,并使得学科核心素养得以落实。

2) 任务群

任务是帮助学生启动自身动力系统的一把钥匙,看似是外界提供的,其实是学生的内在需求。任务群是课程内容的组织形态与呈现方式,由围绕特定学习主题开展的具有内在逻辑关联的系列学习任务组成,它们帮助学生树立学习中心意识,共同促进核心素养发展,有利于培养具有创新意识和创新能力的新时代人才,整体具有情境性、实践性、综合性等基本特性。

任务群的作用过程可以划分为以下三个阶段,分别是任务创设阶段、任务实施阶段、任务评价阶段。在这三个阶段的基础上我们设计了具体的实施流程,并细化了操作步骤(见图 15)。

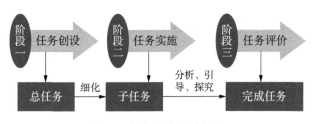

图 15 任务群作用过程图

任务群作用过程的关键是任务的创设,这是影响学生学习质量和效果的重要因素,也体现了任务创设的重要性。任务创设存在多种路径,须根据主题选择、问题链、情境介导等因素来综合考量。

(1)主题选择相关的任务群。

依据从教材编排章节、核心素养发展进阶、真实情境下的学习任务等方面确定的单元主题来设计核心任务,既要结合具体运动的特点,归纳聚焦点,设计聚合任务,也要在双向互动中生成分支任务。确保核心任务具备"衍生性",并以核心任务为锚点,整体设计结构性、衔接性、递进性的子任务,然后聚合形成以学习为中心的任务群。总之,核心任务要有助于体育学科知识体系的系统建构,能激发学生参与体验的兴趣和积极性,拓宽学生思维的广度,激活学生思维的开放性、灵活性和批判性。建构任务群时还要注意子任务之间的逻辑关系,以推进学生对知识的贯穿融合与灵活运用。

比如在击剑理论课的学习中,合理地利用击剑的相关材料,通过海报的设计、绘制和作品展示的任务,让学生跨越学科界限,运用开放的思路和多元的视角分析三个剑种的特点,在体育课堂中进行学生的美育培养,最终帮助学生达成对三个剑种深度理解的教学目标。通过架构学科之间的桥梁,打通不同学科的知识链接,最大限度地向学生展现知识的整体面貌,促进不同学科育人本质的相互交融(见表5)。

表5 "击剑:基础知识"主题选择相关的任务群

核心任务	子任务	学习活动	活动掠影
手绘击剑海报	设计作品	★依据作品所要表达的核心意图和中心思想,确定海报的主题 ★从设计主题的角度出发,分析主要特征,确定作品的色彩风格及版面特征 ★根据作品主题、受众对象的特征,规划设计海报作品的艺术风格,确定创意方向 ★围绕主题筛选或加工素材	
	绘制作品	★选择相应纸张,将各种所需的素材有机地整合在一起 ★合理排版布局图片(形象直观)、文字(抓住主题、传递信息),合理搭配色彩(视觉吸引力),突出表现力和感染力	
	展示作品	★通过作品展示对本课所学内容的理解和运用,了解完成情况和尚需要改进之处 ★掌握欣赏与评述的方法,了解基本术语的表达和方法,形成基本的体育素养,陶冶情操,完善人格	

(2) 问题链相关的任务群。

学生从"学会"到"会学",需要在"学、练、赛、评"中经历一个"融合—裂变—膨胀"的动力生成过程,教师需要不断设计"发现＋填补"的学习任务,让学生在"继承——发展——扩散"的路径上持续"丰满"。学生在思考与探究任务的过程中生成思维焦点,在新的问题连接点周围建构起新的思想体系。

比如,在"武术与民族民间传统体育类运动:三十二式太极剑"学习中把"弓步直刺——向右平带"的动作方法作为教学的起点,在掌握动作的基础上,按技术过程"发现＋填补",构建一个问题导向的知识台阶,让学习拾级而上,直至参加攻防演练,每次学习既相对独立,同时又互为关联,使学生看到自我提升的轨迹,并对三十二式太极剑充满热情(见表6)。

表6 "武术与民族民间传统体育类运动:三十二式太极剑"问题链相关的任务群

问题链	子任务	设计意图
"弓步直刺"可以进攻"三盘"的哪个位置	隔屏攻防演练 	★针对原本抽象、枯燥的空击练习,通过动画、音效等,将学生带入模拟攻防情境中,引导学生进行"练、用、评"相结合的学练活动 ★通过不同角色的切换,渗透武术礼仪,推动武术知识结构和认知结构的主动构建,培养德技并举的武术传承人
哪些动作可以防守"弓步直刺"	编制武功秘籍 	★当运动技能达到一定程度时,学生会对同样的事物产生不同的认识。在不断提高学生认知水平的过程中,也需要对学习活动做出相应的改变,通过问题引导学生用已掌握的动作去类比,去思考问题,学会在举一反三、触类旁通中完成任务,从而促进学生思维结构的深度发展
如何运用"点剑、劈剑、截剑、拦剑"等进行防身自卫,克敌制胜	防守大师闯关赛 	★通过标识位置的不断变化和进攻频率的逐渐加快,帮助学生根据对手的进攻时间、路线、方法和部位等做出准确的判断,锻炼自己的反应能力,从而削弱对方的进攻实力和保护好自己

(3) 情境介导相关的任务群。

以任务为线索,以创设任务情境为开端,以个体体验和交互体验推进任务群的持续"读档"。教师应按照学生的"最近发展区"设定任务群,注重引导学生自主探究,主动与同伴协作交流,从而充分发挥任务群的优势。任务主线的建构体现了"体验——探究——实践"的分层设计理念,使学生沉浸于情境中,行动于活动中。动态生成的任务群促使学生融入课堂,进行深度学习。

　　比如,在"健美操:花球啦啦操"教学中,设计了"我的家乡我代言"的任务情境,通过分小组"从名胜古迹到特色美食"的情境推演,让学生在任务中学会合理运用队形编排的同时凸显主题,让观众欣赏到多元的家乡风貌(见表7)。

表7　"健美操:花球啦啦操"情境介导相关的任务群

任务情境	子任务	设 计 意 图
我的家乡我代言	特色建筑我代言	创编有"家乡特色建筑"特点的队形
	交通工具我代言	探究从斜线到圆形队形的流动 1.图形清晰准确　2.动作8拍到位 3.符合就近相似原则　4.符合不冲撞原则
	特色美食我代言	创编有"家乡特色美食"特点的队形

在有效任务中,通过设计与生活息息相关的挑战性任务,跨越偏向"书本式"表达的"藩篱",将"书本习得"与"社会生活"彼此相融,将书本知识内核与生活经验外延互相渗透,可以有效地促使学生从单纯的"书本人"向"社会人"发展。

3)教学资源

单元教学资源是教学者、学习者及学习内容交互的载体,参与性的学习资源影响着学习者的体验和投入。它对单元学习目标的实现、教学过程的优化、教学气氛的营造,特别是对提高学生的学习兴趣、点燃学生的学习智慧、培养学生的创新能力、拓展学生的思维等,起到了尤其重要的作用。在进行单元教学资源开发、改造时,应聚焦解决教学重难点、激发学练兴趣、消除安全隐患、提高学练负荷、丰富方法手段、培养创新思维六个方面,从而拓展学习者学习空间,满足学习者个性化的学习需求(见图16)。

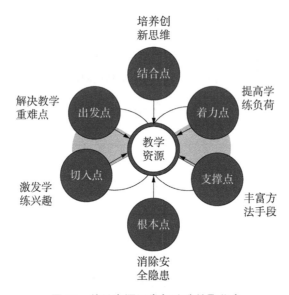

图16　单元资源开发与改造的聚焦点

(1)以解决教学重难点为出发点。

教学资源改造、开发要以动作技能的重难点为出发点,深入剖析动作技能的结构特点,切实从实际出发认真设计制作符合动作技能的教学资源,以重点解决教学中存在的问题。在运用教学资源过程中还要时刻关注学生对动作技能的掌握情况,做到随机应变,对发现的问题进行及时调整,从而提高学生的学习效率和质量。

(2)以激发学练兴趣为切入点。

对于学生来说,最好的导师永远是"兴趣",它是学生各方面能力发展的原动力,只有激发了学生们的兴趣,才会使他们更加快乐积极地参与学练。因此,我们在设计教学资源的时候,会根据不同学情的学生的需求,包括年级、身体素质、性别、身高等,选择一些能够激发学生兴趣的相关资源。所以学习资源要遵循学生的身心发展规律。教师合理地使用资源,可以更好地引起学生的注意,激发他们参与运动的主动性。

(3)以消除安全隐患为根本点。

改造、开发资源要避免安全隐患。因此,首先应把握资源安全第一、质量至上的总体方向;其次要对为何改造、开发? 改造、开发什么? 如何改造、开发等进行深入思考、精心设计,严格把控改造、开发资源的过程;最后进行多次试验、精益求精,确保资源安全有效。

(4)以提高学练负荷为着力点。

体育课的运动负荷是实现体育教学目标的重要因素,是学生在课中进行身体活动不可缺少的变量,也是衡量一节课是否达到增强学生体质的目的的依据之一。故学习资源要有利于学练负荷的合理安排,要易于搬运或便于组装与使用等,以此增加学生练习的次数和时间,大大提高练习密度和强度,从而提高练习效率。

(5)以丰富方法手段为支撑点。

教学资源要有利于调整学习难易程度,有利于完善教学方法手段。一个技术、技能的学习应该遵循循序渐进的原则,可充分利用互联网等现代信息技术手段,广泛地搜集与教学内容相关的信息和资料,并将其融入教学过程之中,构建起更加系统、全面的知识体系,让教学的内容能够更加丰富且突破教学资源的时空限制,从而实现学习深度的纵向延伸与学习广度的横向扩展。

(6)以培养创新思维为结合点。

学习资源不仅能作为辅助教师的一种重要教学手段,也是学生的学习伙伴,还是训练学生发散思维的"导体",对培养学生的创造力有着重要作用。比如教师通过设计"一物多用"的练习,逐渐培养学生多角度、多方位地认识事物和思考问题的习惯,使学生掌握灵活性和变通性的问题解决方法;并鼓励学生自己创造练习方法,以培养思维的独特性和新颖性;也可以用集体讨论方式培养学生的发散思维。

4)作业设计

作业设计是大单元教学设计的最后一个环节,是课堂教学在时间、空间、内容上的迁移与延伸,是教师检验自身教学效果、学生检验自身学习成果的重要途径。它与课前备学、课堂学习构成了学生完整的思维进阶学习链(联结——生成——迁移)。作业设计一般包含目标、类型、形式、难度等要素,单元作业设计要素与流程如图 17 所示。

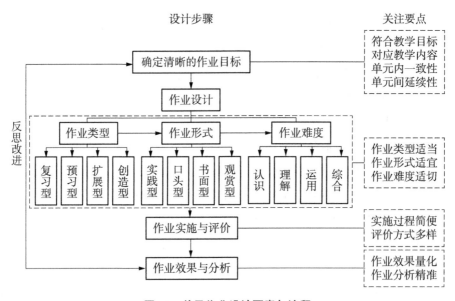

图 17 单元作业设计要素与流程

(1)确定清晰的作业目标。

作业目标对作业的设计和评价有着导向和调控作用,所以在作业设计环节先要确定清晰的作业目标。单元作业目标是以单元教学目标为载体进行系统设计、统筹安排的,与基本知识、基础原理、技战术运用、相关体能等教学内容要相对应。单元作业目标还需要建立单元内和单元间的连接:单元内课时作业目标应呈现一致性和层层递进性;相同或相似学习内容的不同单元间应体现延续性和螺旋上升的递进性。

（2）选择适当的作业类型。

作业按照不同的目的可以分为复习型、预习型、扩展型和创造型。复习型作业是对课堂学习的知识、技战术等内容进行复习巩固，有较为客观的量化和质性评价标准。预习型作业是为后继的课堂学习作准备，提前建立动作表象、知识框架，预设学习重难点问题，也能帮助教师准确把握学情。扩展型作业是把课堂学习的概念、知识、技战术等迁移运用到复杂的运动情境中。创造型作业是建构综合知识体系，融合运用所学的新、旧知识与技能解决实际、综合问题或创编新的内容或练习。教师可以依据单元学习目标和学生学习情况，基于不同学习阶段和学习内容选择适当的作业类型来设计体育作业。一般情况下，每课时都会有复习型作业，新授课前会安排预习型作业，课程中后段会适当安排扩展型与创造型作业。

（3）设计适宜的作业形式。

作业完成形式可以分为实践型、口头型、书面型和观赏型。实践型作业主要是指以身体活动内容为主进行技能和体能等方面的练习与比赛。口头型作业主要是对体育与健康知识、运动技战术、比赛规则等理论知识和学习过程的体验感受等进行口头表述，从而检测学生对知识与项目的认知与理解，同时培养学生的逻辑思维和口头表达能力。书面型作业主要是对体育相关知识概念和原理、学习感知体会、锻炼计划制订等进行纸质或电子文档的书写制作。观赏型作业是指可以通过口头型和书面型作业相结合的方式完成线上或线下观赏体育技战术、比赛等相关视频的评价与分析。4种完成形式的单元作业应依据学习内容，结合不同维度和感官设计，使学生在掌握知识与技战术的同时培养知识运用能力、技战术意识和深度思维。

（4）设定适切的作业难度。

设计作业时还需要依据课程阶段水平和学生的学习水平，设定适切的作业难度。单元作业的难度应体现学习水平的递进，依据认知理论可将作业难度分为认识、理解、运用和综合四个水平难度，难度依次升高，认识水平的难度最低，综合水平的难度最大。作业的难度与阶段和类型有关，如新授课阶段，预习型作业一般难度较低，为认识与理解水平；运用水平难度一般出现在课程中后段，以拓展型作业为主；课程后段的难度偏高，以综合水平难度的创造型作业为主。单元作业还应把握四种水平难度的作业比例，因材施教，控制完成作业的总时长,减轻学生的学习负担,提升学习主动性与积极性。

(5) 优化高效的多元评价。

作业评价的方式应多样化,重视作业评价以评测学生灵活运用知识解决真实问题的能力。依据评价主体的不同,可采取自我评价和他人评价(教师、父母、同伴)的方式,并通过四种不同形式作业的完成情况,实现不同评价主体之间的交流互动。为促进作业评价的科学性和准确性,可依据不同内容,采用量化和质性的评价标准。作业实施后可对学生的学习成绩、作业兴趣、作业负担等作业效果进行量化统计与分析,以检验作业的有效性。通过对访谈和自述内容的质性分析,了解学生在完成作业时的真实感受,从而优化大单元学习过程中的良好体验,并针对出现的作业问题与不足进行反思与改进,重新修正作业设计,形成作业目标到作业效果的流程闭环。

第四节　核心素养视域下体育与健康大单元教学设计的实施路径、属性表与要点

一、核心素养视域下体育与健康大单元教学设计的实施路径

一线教师聚焦于核心素养视域下体育与健康大单元教学设计的理论层面和实践过程,分别从"立足起点、以终为始、评价先行、整体规划、情境创设、聚焦问题"等方面进行认真的探索、实践,总结了核心素养视域下体育与健康大单元教学设计的六大路径。

1. 立足起点,系统分析

美国认知教育心理学家奥苏贝尔有一句名言:"影响学习的最重要的因素是学生已经知道了什么,我们应当根据学生原有的知识状况去进行教学。"因此,教学设计要建立在学生已有的知识经验基础之上,并从整体上把握教材,理清现行教材的编排特点与体系,对其所涉及的知识点与内在联系,以及分布情况进行细致的研究,这样学生的学习活动才会是生动活泼的、主动的和富有个性的过程。

2. 以终为始，目标确立

教学目标决定育人方向，直接影响育人效果，因此，它必须以课程标准为统领，基于核心素养的内涵实质来确定具体、清晰、可观察、可测量的学习目标（"做什么""知道什么""学会什么""学会了什么"），从而使教学活动有更强的标准导向、目标导向，更加高效。

3. 评价先行，学评相融

评价贯穿课程研发、组织、实施的全过程，它不仅影响课堂教学目标的拟定、过程的推进，还推动着"培养有理想、有本领、有担当的时代新人"育人目标的达成。因此，评价的主体要多元（包括师评、自评、互评）；评价方式要多样（过程性评价、增值性评价、表现性评价等）；评价还要与教学活动密切关联，与学习过程良性互动。总之，评价镶嵌于教学过程中，是教学的有机组成部分。

4. 整体规划，结构梳理

学习内容的结构化是教学改革的重要因素，不仅能够引发教学理念、教学方式的革新，促成深度学习、意义学习的发生，更有助于提升课堂教学质量。其意义在于凸显事物的联系、知识的关联、学科的交融，契合真实的问题情境和生活情境，使学生在真实的探究中发现隐含的重要学科知识、学习基本规律、问题解决范式，帮助他们打破学习世界和生活世界的壁垒，感知学习的意义，领悟学习的真谛。

5. 情境创设，任务推进

学习任务是指向核心素养的实践活动，是促进学生展开自主学习的有效载体，是课堂落实核心素养的重要手段和核心追求，是整个单元教学设计的重要组成部分，是承载学生素养的关键要素。它的设计应遵循目标统领、系统设计、教学评一致性等原则，强调以情境为主线，围绕单元问题进行一体化设计，需要学生以一定的方式使用特定的知识进行推理和表现，使学生经历知识建构与运用的过程，提高自主发现问题、解决问题等综合素养。

6. 聚焦问题，"链"接思维

问题是学习的起点，是思维发展的工具，是教学的助推器。问题的设计应遵循三个原则：以教学目标为导向，把好问题设计的"目标状态"；关注教学设计整体，把好问题设计的"系统状态"；基于学科核心内容，把好问题设计的"初始状态"。由此帮助学生在自主建构、合作探究、展示对话的过程中，学会思考、分析、比较、总结、归纳、综合、判断和评价。

二、核心素养视域下体育与健康大单元教学设计的属性表

为了帮助教师对核心素养视域下体育与健康大单元教学设计进行全面规划,并通过"实践框架—教学示范—项目样例"三位一体的路径予以系统推进,项目组依托"区域教研、种子团队、试点学校"三级主体的力量开展研究,根据体育与健康大单元教学设计的种类、主要特征、关键要素、流程等,并结合实践研究情况,形成核心素养视域下体育与健康大单元教学设计属性表(见表8)。

表8 核心素养视域下体育与健康大单元教学设计属性表

一、前期分析

1. 课标解析
2. 教材内容
3. 学情基础

二、整体规划

1. 单元主题
2. 单元目标
3. 单元评价
4. 单元内容

图1 "＊＊＊＊"大单元教学内容思维导图

三、具体实施	
单元课时	
学习目标	
问题类型及问题链	□层层递进型问题链 □总结迁移型问题链 □反思循环型问题链 ……
任务类型	□主题选择相关的任务群 □问题链相关的任务群 □情境介导相关的任务群 ……
任务一	
设计意图	

（续表）

教学内容	运动负荷			教与学的活动 ◎教师　◇学生　☆评价要点	组织与队形 （活动形式）
	次数	时间	强度		
					□个人 □小组 □集体 ……
教学资源	1. 实物资源： 2. 数字资源：				

任务 N	
设计意图	

教学内容	运动负荷			教与学的活动 ◎教师　◇学生　☆评价要点	组织与队形 （活动形式）
	次数	时间	强度		
					□个人 □小组 □集体 ……
教学资源	1. 实物资源： 2. 数字资源：				

作业设计			
课时	作业内容	类型	形式
		□复习型 □预习型 □扩展型 □创造型	□实践 □口头 □书面 □观赏

三、核心素养视域下体育与健康大单元教学的实施要点

　　大单元教学设计对于指向核心素养的教学具有独特优势，然而，再好的教学设计如果没有真正在课堂教学实践中付诸实施的行动，也难以改进现有教学的积弊，促进核心素养的落地。大单元教学设计实施的内在逻辑就是将系统的、专业化的教学设计付诸行动，故要聚焦以下四点，以此来促进学生主动的、深层次的学习。

1. 以素养为导向，促进深度学习

核心素养不仅代表着学生发展的质量标准，而且蕴含着学生学习的深刻变革。在学习与发展的关系视域中，核心素养的生成蕴含着深度学习，深度学习是核心素养生成的学习路径。故在进行大单元教学的设计时既要着眼于学生核心素养的生成与发展；也要触及心灵深处、深入知识内核和通达现实世界；还要关注深层动机、切身体验、高阶思维、深度理解与实践创新，从而加强知识学习与学生经验、现实生活、社会实践之间的联系，增强学生认识真实世界、解决真实问题的能力。

2. 以整体为规划，体现多元教学

单元教学整体规划需要明晰学什么、怎样学、怎样评、用多长时间学、以怎样的方式评。因此，需要对教学内容进行综合分析，然后结合学科的核心素养和教学目标来制定大单元的个数，以及确定不同的大单元中的主题及任务目标，从而将学科内知识进行有机整合，使学生对知识有良好的掌握，同时推动学生的各项能力达到理想教学目标。

3. 以结构为基础，实现能力联结

在教学活动中，对于联系比较紧密的知识，教师可以适当地采用结构化教学的方法，突出知识间的联系。对于关联性不是十分明显的知识点，也可以进行知识间的梳理和重组，尝试教学创新，发展学生能力，提高教学质量。因此，结构化教学需要立足"类"的建构，把握知识之间的整体结构，观照"联"的统整，体现教学中的元素关联、活动关联和方法关联，要聚焦"变"的实施，在变与不变的辨析中理解知识的本质内涵，主动建构知识，使之条理化、系统化，还要将知识结构与学生认知结构融入整体而连贯的情境中，促进学生实践、体验、感悟，让知识技能与学生思维互动起来，使学生的学习锻炼能力、思维能力与情感态度得到综合发展，从而达到发展课程核心素养的目标。

4. 以评价为抓手，达成教学评的一致性

在课堂教学中，教师要么评价意识相对不足，要么随意评、泛泛评，存在"管教"不"管评"，或者评价与课标要求脱节，与本单元、课时目标脱节，无明确评价标准、无有效评价工具或无完整评价设计等问题。因此，教学评价应重视"三个走向"：一是评价标准——从分离走向融合，即与课程标准、学习目标紧密契合；二是评价方式——从单一走向多元，即以课堂观察、活动呈现等多种方式进行；

三是评价内容——从随意走向专业,即围绕学习目标研制具体检测依据和测评工具。

第五节　结论与思考

本研究在经历大单元教学设计的理论梳理、现状调查、要素提炼、探索流程、精析要点、实践推广、策略归纳等过程后,对核心素养视域下体育与健康大单元教学设计和实施的核心要义进行了总结,形成了以下结论和思考。

一、结论

1. 界定了核心素养视域下体育与健康大单元教学设计的概念

核心素养视域下体育与健康大单元教学设计的概念是围绕学生的运动能力、健康行为、体育品德等素养目标,在身体参与为主的基础上,以知识学习、技能强化、人文熏陶、经验丰富等教学意图,使不同学习者在较长阶段的运动项目学习中形成有意义的身心经历,帮助其在思维升阶、学习深化中全面发展。

2. 提炼了核心素养视域下体育与健康大单元教学设计的关键要素

通过分析和归纳,从诸要素中提炼出体育与健康大单元教学设计的要素,并结合新课标背景聚类为 11 个关键要素,即课标解析、教材内容、学情基础、学习主题、学习目标、单元评价、单元内容、问题链、任务群、教学资源、作业设计来引导学生在运用体育知识与技能的过程中提升核心素养。

3. 编制了核心素养视域下体育与健康大单元教学设计的流程及属性表

团队依托"区域教研、种子团队、试点学校"三级主体的力量从众多课堂案例中开展研究,构建出了"前期分析—整体规划—具体实施"的大单元教学设计流程,并结合实践研究情况,形成体育与健康大单元教学设计属性表。

4. 归纳了核心素养视域下体育与健康大单元教学设计的路径与实施要点

在进行核心素养视域下体育与健康大单元教学设计时应从"立足起点、以终为始、评价先行、整体规划、情境串联、聚焦问题"六大路径入手,各路径需要相互渗透,并在单元学习活动中服务于学习目标、表现于学生的学习活动中,为学生核心素养的形成提供助力。实施时要关注"以素养为导向、以整体为规划、以结构为基础、以评价为抓手"这四个实施要点。

5. 形成了核心素养视域下体育与健康大单元教学设计的案例

依据核心素养视域下体育与健康大单元教学设计的概念，以 11 个关键要素为基础，遵循体育与健康大单元教学设计的流程，参考体育与健康大单元教学设计的路径，围绕"足球、乒乓球、田径、武术"等教材内容进行教学实践，在实践课堂的推进中不断调整核心素养视域下体育与健康大单元教学设计，以期探索出一套实操性强、普适性强、普及性强的体育与健康大单元教学设计框架与实践建议。

二、思考

体育学科是一门以实践性为主要特征的学科，而运动项目是实践的主要内容。教师应从体育知识学习的整体性和运动技术的关联性中提取和分析学生学习的情景片段，结合学生运动技术学习来创设各种教学情境，从而进行核心素养视域下体育与健康大单元教学设计，并在不断的实践教学与研讨中持续修正与改善，以此促进学生的学习从技能的线性学习到能力的系统性学习、从知识本位到素养本位、从单学科素养"自强"到多学科能力"统筹"，帮助学生学会汲取运动项目学习的知识，并结合个人生活经验推行至下一个运动项目学习中，在这个高阶思维养成的过程中强化学习能力和思维转化，逐渐从学科内涵中凝结个人素养，为超越学科走向生活奠定基础。

在学研中"演绎"

　　"研"的阳光照亮"教"的方向,"教"的雨露涵养"学"的土壤。只有真正理解体育与健康课程不可替代的育人价值,并联动时代对培养未来建设者的要求,才能从目标导向行动,使意识变为现实的引擎,形成"行"之有效的"育"。

勤习情境演绎，锤炼应变能力
——足球：局部对抗情境下的运传射组合技术及综合运用

一、前期分析

1. 课标解析

六年级"足球：局部对抗情境下的运传射组合技术及综合运用"属于体育与健康课程专项运动技能中"球类运动"中的"足球项目"。表1中的"内容"是结合上海现行教材和学校特色重构的学习内容，"要求"是针对主要内容给出的要求列举。

表1 "足球：局部对抗情境下的运传射组合技术及综合运用"内容与要求

内容	要 求
基础知识与基本技能	1. 了解足球运动的相关知识和文化，以及常见足球运动的脚踝扭伤、小腿拉伤等处理方法；知道脚背正面射门等主要的基本动作技术的基本要领并进行描述 2. 掌握脚背正面运球、脚内侧传接球、脚背正面射门等主要的基本动作技术，以及运球射门、接球射门等主要的组合动作技术
技战术运用	1. 灵活运用运球、传球、射门等基本动作技术和组合动作技术 2. 足球对抗练习中运用撞墙式二过一和边路背套等战术
体能	1. 积极参与不同距离的定时运球、传球等练习，发展体能和运动技能水平，促使身体的均衡发展和良好心理品质的形成 2. 掌握多种增进体能的练习方法和负荷设定的原则、方法
展示或比赛	1. 积极参与班级内足球三对三、五对五等教学比赛 2. 在比赛中正确并熟练运用所学的足球动作技术，与同伴完成战术配合

（续表）

内容	要　　求
规则与裁判 方法	1. 理解点球等比赛规则和防守阻挡犯规等裁判方法,并在比赛中运用 2. 能承担班级内足球比赛的裁判工作
观赏与评价	1. 关注足球重要比赛的相关信息,提高对足球运动项目的认知 2. 每学期通过现场、网络或电视观看不少于 8 次足球比赛,能对某场高水 平的足球比赛作出分析与评价

备注:参照《义务教育体育与健康课程标准(2022 年版)》

2. 教材内容

足球具有整体性、综合对抗性和技术多样、战术多变的特征,是学生最感兴趣的球类运动之一,它对于培养学生的瞬间反应力、卓越的观察力及快速的判断力有着非常突出的促进作用,每次进攻和防守都需要团队的配合,每个队员都有攻防任务,防守时互相补位,进攻时快速落位,因此蕴含着公平与竞争、团队与荣誉等丰富内涵,对学生日常的学习和生活都具有积极的引导作用。六年级足球属于体育与健康课程的专项运动技能之一,本单元主要包括脚背正面运球、脚内侧传接球、脚内侧射门、脚背外侧运球、脚背正面射门等内容。

【动作方法】

脚背正面运球:运球时脚跟提起,脚尖下压,膝关节弯曲,躯干自然放松并略前倾,两臂自然摆动,步伐不宜过大,在向前迈步的过程中,以脚背正面推拨球前进,支撑脚站于球侧约 20 厘米处。

脚内侧传接球:支撑脚着地于球的侧方 15 厘米处,脚尖指向出球方向,膝关节微屈。踢球腿以髋关节为轴,由后向前摆动,膝外转,脚尖稍上翘,脚内侧正对出球方向。击球时,踝关节紧张,脚掌与地面平行,用脚内侧击球后中部。接球时支撑脚正对来球方向,膝关节微屈,身体重心放在支撑脚上,接球腿屈膝外转并前迎,脚内侧正对来球。当脚内侧与球接触一刹那迅速后撤,缓冲来球力量,将球接在脚下。

脚内侧射门:脚内侧射门与脚内侧传球的动作方法基本一致。主要差异是:传球是朝向有利于同伴接球的方向,力量要适宜;而射门是朝向门的范围且远离守门员的位置,力量要尽量大。

脚背外侧运球:运球跑动时身体自然放松,上体稍前倾,两臂屈肘自然摆动,步幅稍小。运球脚提起,膝关节微屈,脚跟提起,脚尖稍内转。在迈步前伸着地前,用脚背外侧推拨球。

脚背正面射门:直线助跑,支撑脚着地在球侧,脚尖指向出球方向,膝关节微屈,踢球腿在支撑腿助跑迈出最后一步时顺势向后摆起,小腿弯曲。当支撑脚在助跑完成最后一步着地的同时以髋关节为轴,大腿带动小腿由后向前积极摆动。当膝关节摆至接近球的正上方时,小腿迅速做爆发式的摆动,脚趾屈,脚面绷直,脚踝锁住,以脚背正面部位击球的中后部(踢地滚球),击球后,踢球腿顺势前摆落地。

【功能特征】

学生经常进行一定强度的足球运动,能够有效地增强心肺功能、反应力、空间感、爆发力、平衡能力和动态预测能力,以及协作能力。脚背正面运球是足球运球的基本运球方法之一,脚背正面运球的特点是直线推拨、速度快,但路线单一;多用于运球路线比较开阔的区域,多在前方纵深距离较长的情况下运用。脚内侧传接球是传接球中使用频率最高的技术动作,适用场景广泛,动作简便快捷,多用于中短距离的传导,既适合队友之间的相互转移传导,也可以向前渗透对方的防线。脚内侧射门与脚内侧传接球动作相似,多用于门前包抄等近距离射门比赛情形,相对于其他射门方式,脚内侧射门球速慢、力量小,但是准确度更高且更易于控制角度。脚背外侧运球相对灵活,可以直线,也可以曲线变向运球,应用场景多于脚背正面运球;运用时灵活性、可变性强,不仅易于变化运球方向和发挥奔跑速度,还具有掩护球的作用;运球形式可分为直线运球、弧线运球和转换方向运球。脚背正面射门多用于中长距离的射门范围,脚背正面射门力量大、球速快、射程远,但是出球方向单一;整体动作摆幅相对较大,便于发力,其弱点是对手较易判断踢球去向,而且踢球准确度较难掌握。

【相关体能】

足球是一项有氧和无氧相结合的运动,学生不仅须具备加速启动、多方向移动、后退加速等高速的保持能力,也需要强劲的爆发力、起动力量及相对力量,还需要有极高的动作协调性、动作节奏感、动作敏捷度和移动敏捷度。

3. 学情基础

【学习基础】

极少数学生在小学阶段学习掌握了脚背运球、脚内侧传接球等技术动作,大多数学生没有对足球的运传射等技术动作的掌握和运用能力,基本没有技战术意识。

【身心特点】

六年级的学生,自主意识逐渐强烈,记忆力增强,注意力相对集中,特别是抽象思维、逻辑思维能力也加强了。他们喜欢参与足球比赛,但在比赛中不会运用所学的技战术动作和简单规则,缺少和队友之间的配合,但能在比赛中顽强拼搏、全力以赴。

【能力水平】

学生具有一定的自我学习能力、竞争能力,也有挑战困难的信心,并且模仿能力很强,对新知识、新技能具有很强的渴望,学习积极性高。

二、整体规划

1. 单元主题

本单元贯彻落实《上海市小学体育兴趣化、初中体育多样化课程改革指导意见(试行)》,以"为每一个学生的终身发展"教育理念为引领,坚持"健康第一,全面育人"的指导思想,力求为学生身心健康发展和终身参与体育活动奠定坚实基础。本单元教学坚持面向全体学生,在具体教学中采用测试引入、渗透战术、结合真实情境的设计方法,让学生对足球运动保持兴趣,在测试与真实情境相结合的实践中发现问题、解决问题,通过足球运、传、射基本技术组合运用,撞墙式二过一和边路背套战术的学习,重点发展学生所学知识与技能在真实情境中的实际运用能力,以及促进学生在体能、技能、心理、品格、品德等方面全方位的进步与成长。

2. 单元目标

(1) 促进学生了解足球的发展,理解足球的比赛规则,能够担任比赛过程中的执裁任务。掌握足球个人防守和集体防守的技战术,掌握脚背正面运球、脚背外侧运球、脚内侧传接球、脚内侧射门、脚背正面射门的动作方法和动作要领,基本理解和掌握组合动作技术之间的衔接要点,并在实战比赛中能正确合理地运用单个技术和组合动作技术;在体能练习中,积极完成一般素质和专项身体素质练习的内容与任务,发展学生的上下肢力量、踝关节力量,提升身体协调性和爆发力等。

(2) 使学生在针对各项内容的学练赛中,专注教师的讲解和示范,积极尝试与突破;在动作技能的学练中互帮互助,互相鼓励和倾听;增强情绪调控能力,在比赛过程中积极应对突发状况,适时调整心态,保持良好的状态。

（3）促进学生通过各种形式的小组学练,提升合作学习意识和集体意识,树立正确的团队观念,提升分析问题、解决问题的能力,培养团队意识,增强克服困难的勇气和提升规则意识,从而能体验足球运动的魅力。

3. 单元评价

本单元教学评价依据《义务教育体育与健康课程标准(2022 年版)》中的评价要求,选择多元评价的方式,注重多种评价方法的有机结合,强调多元评价的共同参与,尤其对学生形成的运动能力、健康行为和体育品德三个方面的具体表现进行评价。在整个教学过程中,评价始终贯穿于"学、练、赛"的每个环节,以达到以评促学、以评促练、以评促赛的效果。

表2 "足球:局部对抗情境下的运传射组合技术及综合运用"评价表

运动项目					
评价维度	评价内容	自评	互评	师评	综合
运动能力	了解足球运动的价值,能熟练掌握脚背正面运球、脚内侧传接球、脚内侧射门、脚背外侧运球、脚背正面射门的动作方法及动作要领				
	基本理解和初步掌握组合动作技术(运传射)的衔接要点,并在对抗比赛场景中,能勇敢、正确、合理地运用单个技术、组合动作技术和战术(进攻、防守战术)				
	在体能练习中,积极完成一般身体素质和专项身体素质练习的内容与任务				
健康行为	主动回答教师的问题,与同伴积极探讨,说出本单元关键技术要领,并能演示动作,会评价				
	在足球学练过程中,相互协作,共同提高				
	在团队合作学习中,承担裁判员的角色,具有一定的执裁能力				
体育品德	表现出勤于学习、敢于尝试、坚持挑战自己和健康向上的体育精神				
	做到胜不骄、败不馁,尊重裁判、尊重对手,体现出良好的体育道德风尚				

（续表）

评价维度	评价内容	自评	互评	师评	综合
体育品德	在体育运动中表现出负责任、敢担当、善担当的社会行为				
评语			总分		
			等级		

4. 单元内容

本单元依据《义务教育体育与健康课程标准（2022 年版）》的课程目标，将学生的学习需求、实际生活需要进行灵活组合，构建了"足球：局部对抗情境下的运传射组合技术及综合运用"的大单元内容（见图 1），实施核心素养导向下

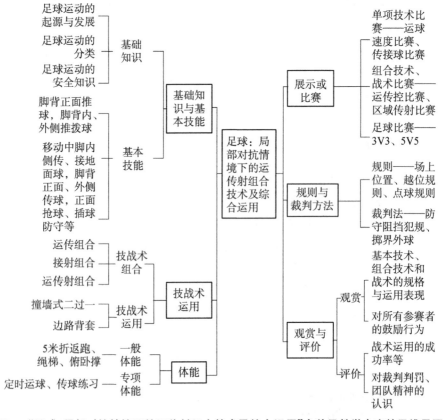

图 1 "足球：局部对抗情境下的运传射组合技术及综合运用"大单元教学内容的思维导图

的单元教学,设计核心任务、创设教学情境,培养学生运用足球运传射组合技术的意识;同时将"女足精神"自然渗透在教学中,实现育人功能。

本单元运用系统论的"整体原理"编排教材,促进教材之间的联系,使每个单元不再是零散的"知识点",而是一个"知识链",从而有效提升学生的知识技能,并结合新课标"教会、勤练、常赛"的课程理念,落实"学练赛"一体化教学,基于学生学情、师资构成、学校的运动场地设施等情况,以"慧学、乐练、悦赛"为主线贯穿18课时的学习活动(见表3),激发学生的运动兴趣,改变其运动动机,加深其对足球项目完整的体验与理解,使其掌握结构化的足球知识、适应复杂情境下的足球运动。

表3　"足球:局部对抗情境下的运传射组合技术及综合运用"大单元
18课时教学内容安排

课时	教学内容	学习活动(慧学、乐练、悦赛)
1	球性＋脚背正面运球1	1. 10米脚背正面直线运球练习 (1)单脚连续推拨 (2)左右脚交替推进 2. 脚背正面运球急停急起练习 3. "运球搬家"比赛:球性＋脚背正面运球
2	5米折返跑＋脚背正面运球2	1. 脚背正面运球"十字"练习(观察) 2. 脚背正面变速运球 (1)10米短距离 (2)20米长距离 3. "运球速度"比赛:5米折返跑＋脚背正面运球
3	脚背正面运球3＋脚内侧传接球1	1. 踢固定球(标志盘支撑脚定点)练习 2. 30秒"对墙一停一传"练习 (1)一停一传(左脚、右脚) (2)一停一传(左右脚交替) 3. 10米运球＋5米脚内侧传接球比赛
4	脚背正面运球4＋脚内侧传接球2	1. 30秒"对墙一脚传球"练习 (1)一脚传球(左脚、右脚) (2)一脚传球(左右脚交替) 2. "穿透防线"脚内侧传接球比赛(传准) 3. 20米运球＋5米脚内侧传接球比赛
5	脚背正面运球5＋	1. 30秒"脚内侧定向停传球"练习 2. 行进间脚内侧传接球

(续表)

课时	教学内容	学习活动（慧学、乐练、悦赛）
5	脚内侧传接球 3	（1）2 人行进间脚内侧传接球 （2）4 人斜线传接球（改变方向） 3. 2V1 行进间脚内侧传接球比赛 4. 2V2 运传控球比赛
6	脚背正面运球 6＋ 脚内侧传接球 4	1. 4V1 抢圈脚内侧传接球 2. 撞墙式二过一传接球 （1）中前场 2V1,撞墙式二过一传接球 （2）中前场 2V1,撞墙式二过一传接球（向前推进） 3. 3V3 小场地运传控球比赛
7	"＊＊杯"挑战赛 1	1. 10 米 5 杆运球计时赛 2. 1 分钟 5 米传接球比赛 3. 3V3 小场地运传控球比赛
8	脚内侧传接球 5＋ 脚内侧射门 1	1. 原地脚内侧射门练习 （1）踢固定球练习 （2）上一步踢固定球练习 2. 脚内侧传接球＋脚内侧射门练习（九宫格） 3. 区域传射比赛:脚内侧传接球＋防守＋脚内侧射门
9	运＋传＋脚内侧 射门 2	1. 脚内侧传接球＋脚内侧射门练习（运球射准练习） 2. 2V1 运传射练习 3. 2V2 运传射比赛
10	"＊＊杯"挑战赛 2	1. 运传射组合技术比赛 2. 3V2 比赛 3. 4V4 区域比赛
11	脚背外侧运球 1＋ 运＋射	1. 运球变向练习 2. 运传射组合练习 3. 3V2 比赛
12	脚背外侧运球 2＋ 运＋射	1. 脚背外侧运球连续变向练习 2. 运传射组合技术练习 3. 3V3 小场地比赛
13	脚背外侧运球 3＋ 运＋射	1. 2V1 运传球组合练习 2. 2V2 运传射组合技术练习 3. 5V5 小场地实战比赛
14	"＊＊杯"挑战赛 3	1. 运球变向射门比赛

（续表）

课时	教学内容	学习活动(慧学、乐练、悦赛)
14		2. 3V3 实战比赛 3. 5V5 实战比赛
15	多种运球＋ 脚背正面射门 1	1. 多种运球＋脚背正面射门练习 2. 运球过障碍射门练习 3. 3V2 比赛
16	运＋传＋ 脚背正面射门 2	1. 运传射练习 2. 边路背套战术 (1) 消极防守背套战术跑位 (2) 积极防守背套战术跑位 3. 3V3 背套战术对抗赛
17	"＊＊杯"冠军赛 1	1. 2V1 比赛 2. 3V2 比赛 3. 5V5 比赛预赛
18	"＊＊杯"冠军赛 2	1. 2V1 比赛 2. 3V3 比赛 3. 5V5 比赛决赛

三、具体实施

【第 11 课时】

学习目标	1. 了解足球运动的价值和裁判规则,能够担任比赛中的执裁任务。基本掌握脚背外侧运球技术和基本动作要领,在小比赛中运用运球、传球、射门组合技术动作进行对抗比赛。在体能练习中,积极完成药球和绳梯的各项练习,提高上下肢力量及灵敏协调素质,发展一般身体素质和足球专项素质 2. 在脚背外侧运球学练赛中,专注教师的讲解和示范,积极尝试与突破;在动作技能的学练中互帮互助,互相鼓励和倾听;增强情绪调控能力,在比赛过程中积极应对突发状况,适时调整心态,保持良好的状态 3. 在脚背外侧运球及组合技术学练和比赛过程中,不怕困难、积极进取,增强团队意识,积极与同伴交流互动,培养正确的团体协作意识和能力;自觉遵守比赛规则,尊重裁判,尊重对手,公平竞争,自尊自信,正确对待比赛的胜负

(续表)

问题类型及问题链	第11课时 关键问题 如何灵活运用脚背外侧运球技术？ 1. 脚背外侧运球触球的位置在哪里？ 2. 如何提高推拨球的稳定性？ 3. 如何将脚背外侧运球进行简单组合运用？ □层层递进型问题链 √总结迁移型问题链 □反思循环型问题链
任务类型	□主题选择相关的任务群 √问题链相关的任务群 □情境介导相关的任务群
任务一	运球撕名牌
设计意图	激发学生运球的热情，增强其反应能力、身体的灵敏性和团队意识，使学生在收获游戏乐趣的同时，也明白脚背外侧运球的灵活性、可变性，且易于控制运球方向和发挥运球速度，并便于对球进行保护

教学内容	运动负荷			教与学的活动 ◎教师 ◇学生 ☆评价要点	组织与队形（活动形式）
	次数	时间	强度		
运球撕名牌	1	1分钟	中	◎： 1. 通过视频讲解游戏方法与规则 2. 组织学生集体游戏，提示游戏要求 3. 表扬游戏中表现出色的同学 ◇： 1. 观看视频规则，明确运球游戏的方法和要求 2. 按要求进行游戏 3. 自主体会和互助改进	□个人 □小组 √集体

教学资源	1. 实物资源：足球 25 个，名牌 25 张 2. 数字资源：多媒体课件
任务二	学习脚背外侧运球

(续表)

教学内容	运动负荷			教与学的活动 ◎教师　◇学生　☆评价要点	组织与队形 (活动形式)
	次数	时间	强度		
1. 脚背外侧运球（药球、标志贴辅助练习）	4	1分钟	中	◎： 1. 教师讲解示范,组织学生观看"脚背外侧运球,运球变向"的动作方法 2. 组织学生集体练习,提出动作要求 3. 通过视频讲解和利用标志贴明确运球时脚触球位置的练习方法与要求	
2. 运球变向（标志垫辅助练习）	4	1分钟	中	◇： 1. 集体观看、认真观察,思考"脚背外侧运球,运球变向"的要点 2. 按要求进行练习 3. 自主体会和互助改进 ☆： 1. 明确脚背外侧运球的要点:运球时脚背立起,脚尖朝内,推送球的后中部 2. 重心降低,一步一运控制球	□个人 √小组 □集体 ……
3. 运球、传球组合练习	2	2分钟	中	◎： 1. 组织学生6人一组进行脚背外侧运球、传球组合练习 2. 利用口令提示练习动作要领,纠正错误,并表扬动作出色的同学 ◇： 1. 明确练习方法及要求 2. 合作练习,相互鼓励 ☆： 1. 传球前注意观察队友的位置 2. 接球队员注意主动接球	

设计意图：在学习的过程中根据学生新学技术动作生硬、触球位置不清的问题,利用常见器材辅助教学,促进学生主动思考、相互交流,加深其对动作的理解和把握,提高其练习的实效

（续表）

教学资源	1. 实物资源:足球场 1 片,标志垫 48 个,球托 24 个,标志贴 49 个,足球 25 个,药球 24 个 2. 数字资源:多媒体课件 1 个
任务三	简化规则下的对抗赛
设计意图	创设比赛情境,提升学生的学习兴趣,促进学生对足球运动的理解,使学生在实战中强化技战术运用

教学内容	运动负荷			教与学的活动 ◎教师　◇学生　☆评价要点	组织与队形 (活动形式)
	次数	时间	强度		
1. 2V1 运传射	4	2分钟	大	◎: 1. 通过视频讲解运传射组合的练习方法与要求 2. 组织运传射组合练习,并提示动作要领 ◇: 1. 观看视频示范,明确练习的方法和要求 2. 按要求进行练习,互相鼓励 ☆: 1. 传接球注意观察呼应,注意传球质量 2. 防守队员消极防守,注意身位的选择,并注意回追压迫运球队员	□个人 √小组 □集体 ……
2. 3V2 比赛	4	2分钟	大	◎: 1. 通过视频讲解 3V2 对抗练习的方法与要求 2. 组织学生对抗练习,并提醒进攻队员注意观察传球的时机 3. 口令提示动作要领 ◇: 1. 观看视频示范,明确练习的方法和要求 2. 按要求进行练习 3. 合作练习,互相鼓励 ☆: 1. 进攻队员注意利用场上情形并运用组合动作,鼓励采用墙	

（续表）

教学内容	运动负荷			教与学的活动 ◎教师　◇学生　☆评价要点	组织与队形 （活动形式）
	次数	时间	强度		
				式、后套等进攻配合来打穿对方防线 2. 防守时第一防守人延缓压迫、第二防守人选位保护	

教学资源	1. 实物资源:足球场 1 片,足球 25 个 2. 数字资源:iPad 4 个,音响 2 个,显示屏 1 块

作业设计	根据课内足球技能技术的学习情况,通过 8 字运球、对墙传球练习,提高球性和运球、传球能力;通过运球绕圈跑比赛,发展上肢力量,提高身体协调性、灵敏性;养成自主学习和日常锻炼习惯,培养优良的体育品质

课时	作业内容	类型	形式
第 11 课时	1. 观赏世界杯比赛并截取脚背外侧运球片段 2. 8 字运球练习比赛(速度),10 次 * 10 组 3. 对墙传球后接球,快速运球冲刺(回合数), 10 次 * 10 组 4. 设计运球绕圈跑比赛,并与家人或朋友一起完成	√复习型 □预习型 √扩展型 □创造型	√实践 □口头 □书面 √观赏

向"准"而挥，向"精"而进

——乒乓球：近台快攻技术学练与运用

一、前期分析

1. 课标解析

八年级"乒乓球：近台快攻技术学练与运用"属于体育与健康课程专项运动技能中"球类运动"中的"乒乓球项目"。表1中的"内容"是结合上海现行教材和学校特色重构的学习内容，"要求"是针对主要内容给出的要求列举。

表1 "乒乓球：近台快攻技术学练与运用"内容与要求

内容	要 求
基础知识与基本技能	1. 了解乒乓球运动的相关知识和文化，以及常见乒乓球运动腕部损伤及防治措施和处理方法；知道攻球等基本动作技术的基本要领并进行描述 2. 掌握攻球等基本动作技术及左推右攻等组合动作技术
技战术运用	1. 灵活运用攻球等基本动作技术和左推右攻等组合动作技术 2. 运用攻两角和侧身攻等战术设法得分和阻止对方得分
体能	1. 积极参与摸台角、移动击球等练习，发展体能和运动技能水平，促使身体的均衡发展和良好心理品质的形成 2. 掌握多种增强体能的练习方法和负荷设定的原则、方法
展示或比赛	1. 积极参与班级内足球单打、双打等教学比赛 2. 在比赛中正确并熟练运用所学的乒乓球动作技术，表现出乒乓球比赛的基本礼仪

（续表）

内容	要　求
规则与裁判方法	1. 理解比赛顺序、合法反击等比赛规则和交换位置等裁判方法,并在比赛中运用 2. 能承担班级内乒乓球比赛的裁判工作
观赏与评价	1. 学习如何观赏乒乓球比赛,每学期通过现场、网络或电视观看不少于8次的乒乓球比赛 2. 了解重要的乒乓球比赛,并能对这些比赛进行简要评价

备注:参照《义务教育体育与健康课程标准(2022年版)》

2. 教材内容

乒乓球运动为一项隔网对抗的开放式运动,具有较强的隔网对抗性,有较高的锻炼价值,需要学生在高强度、快节奏的比赛中快速判断赛场上的局势,这对培养学生的瞬间快速反应力、判断力有促进作用。八年级乒乓球属于体育与健康课程专项运动技能之一,本单元内容主要包括正手攻球、侧身正手攻球、正手两点攻、左推右攻、推挡侧身攻。

【动作方法】

正手攻球(以右手横拍为例):左脚稍前,引拍至身体右侧方,右肩稍沉,重心移至右脚,拍型稍前倾,右臂做旋内转动,向左上方挥拍,身体重心由右脚移至左脚,击球后,随势挥拍至前额,并迅速还原。

侧身正手攻球:击球前,身体重心前倾,手臂自然放松,右肩略下沉。根据来球线路移动步法,充分侧身,同时转腰引拍。击球时,腰向左转,收缩前臂,向左前上方出手,上身向前压。击球后,重心及手臂迅速还原。

正手两点攻:在正手攻球的基础上采用并步移动在第一点位和第二点位往返击球的组合技术。

左推右攻:反手推挡击球完成后,腰、髋顺势向右,左脚并向右脚,右脚向右侧做并步调整,完成一次正手攻球。

推挡侧身攻:反手推挡击球完成后,左脚原地垫步或向左侧跨一小步,右脚向左侧后方移动,同时腰、髋向右侧方向转动,完成一次正手攻球。

【功能特征】

正手攻球是乒乓球快攻打法的重要技术,从某种意义上讲,可称为快攻打法的生命,其技术特点是站位近、动作小、速度快,一般借对方来球的力量进行回击。侧身正手攻球的特点是速度快、力量重、攻势强,它是各种不同类别的打法都必须掌握的一项重要技术。侧身攻运用多少在很大程度上标志着进攻能力的强弱。侧身攻比正手攻更具威胁,难度也更大,主要表现在脚步移动的范围较大,因而对步法和重心交换的要求更高,需要攻球有力、脚步灵活和反应敏捷,并要善于运用腰部转动帮助发力。侧身攻更利于发挥整个身体的力量,可以弥补反手进攻能力的不足,往往能使对方难于判断攻球的线路。左推右攻是以近台正手攻球为进攻,以反手推挡为防守和助攻的主要手段,其风格的特点是站位近,速度快,有利于先发制人。对攻战术是进攻型打法在相持阶段常用的一项重要战术。快攻类打法主要依靠反手推挡(或反手攻球)和正手攻球(或正手拉弧圈球)的技术,充分发挥快速多变的特点来调动对方。

【相关体能】

乒乓球近台快攻技术需要学生有较好的上下肢、肩带、腰腹及髋部肌群的力量,手部具有一定的握力;也需要学生提高击球的挥摆速度、步法的移动速度和判断的反应速度,以及具备一定的空间位置感和反应力。

3. 学情基础

【学习基础】

通过六、七年级"乒乓球上旋球:发球与接发球大单元"的学习,对乒乓球正、反手平击发球,正手发侧上旋球和反手推挡的方法、要领及应用场景等有了一定的了解。

【身心特点】

该年龄段学生普遍存在上肢及核心力量不足,身体协调能力偏弱,本体感受不佳的特点。对乒乓球的学习有着一定的兴趣,但是对于枯燥乏味的练习会缺乏耐心,同时他们的自主意识和竞争意识都开始增强。

【能力水平】

能够基本完成简单的发球与防守性的接发球,但还不能有效回击得分。在身体素质、运动能力和技术掌握等方面存在较大的个体差异。大部分同学求知欲强,学习积极性高,并且具有良好的团队协作能力。

二、整体规划

1. 单元主题

本单元以"立德树人"和"健康第一"为指导思想,围绕"信息技术赋能智慧课堂"的背景,坚持学科育人的教学宗旨。根据《义务教育体育与健康课程标准(2022 年版)》的指示精神,提出"学习单个技术并将单个技术进行合理连贯使用,并通过'学-练-赛-评'的教学思路,基本掌握乒乓球攻球、组合技术的技术要领,了解对攻战术,增强同伴间沟通与配合的合作意识,参与条件限制下的教学比赛"的要求,并且结合"永不言败,突破自我"的国乒精神,确定了向"准"而挥、向"精"而进的学习主题。

2. 单元目标

(1)知道中国乒乓球运动的发展与常用术语;进一步了解乒乓球运动的价值和裁判规则,能够承担组内、组间比赛的执裁任务;熟练掌握基本步法、正手攻球的动作方法及动作要领;理解和掌握组合动作技术(正手两点攻、左推右攻、推挡侧身攻)的衔接要点与运用情境;并在 2 人对抗比赛中,完成至少 20 个回合的对推、对攻;基本掌握乒乓球对攻战术,在 11 分制的比赛中运用对攻战术获得至少 6 分的分值;在体能练习中,积极完成一般身体素质和专项身体素质练习的内容与任务,发展速度、力量、有氧耐力等素质,提高动作速度、位移速度、快速反应能力。

(2)在对练、技能赛中,专注教师的讲解和示范,仔细倾听同伴的发言,积极开展自身思维活动;并能在动作技能上相互观察与帮助,指正与鼓励同伴;增强情绪调控能力,能在实战比赛中积极调整心态,从容应对场上的突发情况,表现出胜不骄、败不馁,突破自我的品德;主动按量、按质、按序完成课内外的练习内容要求和任务,并能根据场地器材人数的实际情况选择适宜的运动负荷,提高安全锻炼的意识与能力。

(3)在单个技术组合练习与小组团队比赛中,不以自我为中心,形成正确的团队观念;自觉遵守乒乓球比赛规则,增强规则意识,做出维护规则的行为,并能正确看待比赛的胜负。

3. 单元评价

本单元教学评价依据《义务教育体育与健康课程标准(2022 年版)》中的评

价要求,选择多元评价的方式,注重多种评价方法的有机结合,强调多元评价主体的共同参与,尤其对学生运动能力、健康行为和体育品德三个方面的具体表现进行评价。

表2 "乒乓球:近台快攻技术学练与运用"大单元评价表

运动项目					
评价维度	评价内容	自评	互评	师评	综合
运动能力	了解乒乓球运动的价值,能熟练掌握移动、正手攻球和反手推挡的动作方法及动作要领				
	基本理解和初步掌握组合动作技术(左推右攻、推挡侧身攻)的衔接要点,并在对抗比赛场景中,能勇敢、正确、合理地运用单个技术、组合动作技术和战术(对攻战术)				
	在体能练习中,积极完成一般身体素质和专项身体素质练习的内容与任务				
健康行为	主动回答教师的问题,对知识充满渴望,与同伴积极探讨,说出本单元关键技术要领,并能演示动作,会评价				
	能调节紧张情绪,克服恐惧心理,具备抗干扰能力				
	在团队合作学习中,承担观察员、计分员的角色,分工明确,具备一定的指导能力				
体育品德	表现出奋勇争先、积极进取、努力拼搏、勇于挑战自我的精神				
	保持谦虚的态度,胜不骄、败不馁,尊重裁判、尊重对手				
	在体育运动中表现出勇于负责、敢于担当的体育道德				
评语		总分			
		等级			

4. 单元内容

依据《义务教育体育与健康课程标准(2022年版)》的课程内容,结合上海市《体育与健身》教材内容,从学生的需求、实际生活需要出发,构建了"乒乓球:

近台快攻技术学练与运用"的大单元内容(见图1),实施核心素养导向下的单

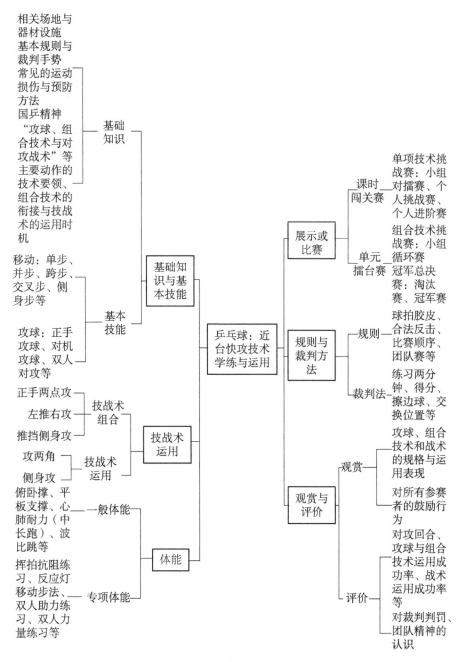

图1 "乒乓球:近台快攻技术学练与运用"大单元教学内容思维导图

元教学,设计核心任务、创设教学情境,培养学生运用乒乓球对攻战术的意识;同时将"国乒精神"自然渗透在教学中,使学生体验合作与竞争、成功与失败、奋勇与坚持、判断与决策,从而实现育人功能。

结合新课标"教会、勤练、常赛"的课程理念,落实"学练赛"一体化教学,基于学生学情、师资构成、学校运动场地设施等情况,以"慧学、乐练、悦赛"为主线贯穿18课时的学习活动,在真实情境下进行技战术组合练习,将所学技术转化为实战比赛能力,激发学生参与乒乓球"学、练、赛"的热情,掌握结构化的乒乓球知识,提升学生在复杂比赛情境下合理运用技战术的能力,不断加深学生对乒乓球项目完整的体验与理解。表3为"乒乓球:近台快攻技术学练与运用"大单元18课时教学内容安排。

表3　"乒乓球:近台快攻技术学练与运用"大单元18课时教学内容安排

课时	教学内容	学习活动(慧学、乐练、悦赛)
1	正手攻球1	1. 颠球王(计分式、定点式、线路式) 2. 最快移动王1(单步比快) 3. 最佳攻球手1 (1) 分解、完整正手攻球(挥拍路线、击球点等) (2) 多球下正手攻球(全台—2/3台—1/2台　上台率)
2	正手攻球2	1. 发球+正手攻球 2. 人机、双人对攻(对角攻击) (1) 斜线攻一角 (2) 斜线攻另一角 3. 阶段积分赛1
3	正手两点攻1	1. 最快移动王2(并步比快) 2. 人机、双人正手两点攻(对攻比回合数) 3. 最佳连击王(攻定点小组比拼)
4	正手两点攻2	1. 发球+正手两点攻 2. 人机、双人正手两点攻(双边直线) (1) 直线攻一角 (2) 直线攻另一角 3. 阶段积分赛2
5	左推右攻1	1. 对攻小组对垒赛1(正反手、正手两点攻,人机、双人) 2. 个人挑战积分赛1(左推右攻,人机) (1) 分解、完整左推右攻(判断、移动、击球位置) (2) 多球下左推右攻(全台—2/3台—1/2台　上台率) 3. 个人进阶积分赛1

（续表）

课时	教学内容	学习活动（慧学、乐练、悦赛）
6	左推右攻 2	1. 最快移动王 3（并步挥拍比快） 2. 个人挑战积分赛 2（正手两点攻和左推右攻，人机、双人） 3. 个人进阶积分赛 2
7	左推右攻 3	1. 最快移动王 4（并步反应比快） 2. 对攻小组对垒赛 2（人机、双人左推右攻） （1）逢斜变直 （2）逢直变斜 3. 阶段积分赛 3
8	推挡侧身攻 1	1. 最佳攻球手 2 （1）分解、完整侧身攻（判断、移动、击球位置） （2）多球下侧身攻（全台—2/3 台—1/2 台　上台率） 2. 个人挑战积分赛 3（人机、双人推挡侧身攻，对攻比回合数） 3. 个人进阶积分赛 3
9	推挡侧身攻 2	1. 最快移动王 5（交叉步、侧身步比快） 2. 人机、双人对攻小组对垒赛（正手两点攻＋左推右攻＋推挡侧身上台率） 3. 阶段积分赛 4（32 名积分排名）
10	攻两角战术 1	1. 连攻左角、突袭右角 2. 小组循环赛 1
11	攻两角战术 2	1. 连攻右角、突袭左角 2. 小组循环赛 2
12	侧身攻战术 1	1. 压反手，侧身攻左、中、右三点 2. 小组循环赛 3
13	侧身攻战术 2	1. 压中路，侧身攻左右两角 2. 小组循环赛 4
14	"＊＊杯"冠军赛 1	1. 赛前专项热身 （1）组合步法 1 （2）组合技术 1 2. 淘汰赛 1
15	"＊＊杯"冠军赛 2	1. 赛前专项热身 （1）组合步法 2 （2）组合技术 2 2. 淘汰赛 2

课时	教学内容	学习活动（慧学、乐练、悦赛）
16	"＊＊杯" 冠军赛 3	1. 赛前专项热身 （1）组合步法 1 （2）组合技术 1 2. 淘汰赛 3
17	"＊＊杯" 冠军赛 4	1. 赛前专项热身 （1）组合步法 2 （2）组合技术 2 2. 淘汰赛 4
18	"＊＊杯" 冠军总决赛	1. 赛前专项热身 2. "＊＊杯"冠军总决赛

三、具体实施

【第 6 课时】

学习目标	1. 了解乒乓球运动的价值和裁判规则,能够承担个人进阶积分赛和阶段积分赛的执裁任务,能将单个技术(正手攻球、反手推挡、并步移动)合理连贯使用,理解掌握左推右攻的衔接要点;并在对抗比赛场景中,能正确、合理地运用左推右攻技术;在体能练习中,积极完成一般身体素质和专项身体素质练习的内容与任务,发展速度、力量、有氧耐力等素质,提高动作速度、位移速度、快速反应能力 2. 在左推右攻"学练赛"中,专注教师的讲解和示范,仔细倾听同伴的发言,积极开展自身思维活动;并能在动作技能上相互观察与帮助,指正与鼓励同伴;增强情绪调控能力,能在实战比赛中积极调整心态,从容应对场上的突发情况;主动按量、按质、按序完成课内外的练习内容和任务 3. 在左推右攻学练赛中,不以自我为中心,维护团队以协调配合为主的行为,形成正确的团队观念;自觉遵守乒乓球比赛规则,增强规则意识,做出维护规则的行为,并能正确看待比赛的胜负
问题类型 及问题链	第6课时 关键问题: 如何灵活运用左推右攻等组合技术进行连续对攻? 1. 如何运用左推右攻击出不同线路球? 2. 如何提高左推右攻击球线路的稳定性? 3. 如何灵活运用左推右攻等组合技术进行连续对攻?

(续表)

任务类型	□主题选择相关的任务群 □问题链相关的任务群 √情境介导相关的任务群				
任务一	"反手推挡、正手攻球、正手两点攻"小组对垒积分赛				
设计意图	根据教材特点,采用分组挑战比赛的形式,时刻提醒学生注意观察,培养互相学习的意识和能力;通过师生间、生生间的合作交流学习,优化学习氛围,挖掘学生的潜能,提高学练效果				

教学内容	运动负荷			教与学的活动 ◎教师 ◇学生 ☆评价要点	组织与队形 (活动形式)
	次数	时间	强度		
1. 反手推挡 2. 正手攻球 3. 正手两点攻	20 20 20	25秒 25秒 25秒	中 中 中	◎: 1. 引导学生观看比赛规则与要求,巩固"反手推挡、正手攻球、正手两点攻"技术 2. 巡视指导,语言提示 ◇: 1. 明确比赛规则与方法 2. 分组运用"反手推挡、正手攻球、正手两点攻"技术比赛,适当调整站位 3. 裁判判罚准确,及时录入成绩 ☆: 1. 动作规范,自信比赛 2. 适时调整拍面角度	□个人 √小组 □集体 ……

教学资源	1. 实物资源:乒乓球桌6台,固定乒乓球器12个,乒乓球发球机6台,乒乓球房1间,收球器6个,乒乓球若干 2. 数字资源:多媒体课件1份,LED显示屏1块

任务二	进阶积分赛前"集训营"
设计意图	将技术动作以分解定格、慢动作播放的形式呈现给学生,帮助学生建立左推右攻正确的动作概念;利用智能球拍显示击球点的分布,利用反应灯数据计算移动速度和到位率。通过研究相关数据,帮助学生及时发现问题、解决问题,避免错误动作的定型

教学内容	运动负荷			教与学的活动 ◎教师 ◇学生 ☆评价要点	组织与队形 (活动形式)
	次数	时间	强度		
1. 击打固定球练习	20	1分钟	中	◎: 1. 通过智能拍上乒乓球击球点和落点的分布,分析造成上台	□个人 √小组 □集体

(续表)

教学内容	运动负荷			教与学的活动 ◎教师　◇学生　☆评价要点	组织与队形 （活动形式）
	次数	时间	强度		
2. 挥灭反应灯练习	20	1分钟	中	率低的原因 2. 讲解示范固定球和反应灯练习方法和要求 3. 组织学生进行练习,巡视指导 ◇: 1. 明确技术动作的错误原因 2. 摆放器材,按要求进行站位并练习 3. 体会动作,相互观察,相互提醒 ☆: 1. 击球后再移动,及时引拍到位 2. 重心降低,移动迅速	……
教学资源	1. 实物资源:乒乓球桌6台,固定乒乓球器12个,乒乓球发球机6台,乒乓球房1间,收球器6个,乒乓球若干 2. 数字资源:多媒体课件1份,LED显示屏1块,智能拍6块				
任务三	个人进阶积分赛				
设计意图	用自动发球机、对练、比赛的方式提升学生的学习兴趣,提高学生对来球落点的判断力,增强学生击球的稳定性				

学习内容	运动负荷			教与学的活动 ◎教师　◇学生　☆评价要点	组织与队形 （活动形式）
	次数	时间	强度		
1. 固定落点球	48	1分40秒	中	◎: 1. 引领学生观看比赛规则与要求 2. 巡视指导,适时参与 ◇: 1. 明确比赛规则与方法 2. 自主分组比赛,适当调整站位 ◎: 1. 宣布本节课前三场比赛积分前三名的学生 2. 欢迎冠军老师进入课堂观看学生的挑战赛 3. 组织师生进行比赛 ◇: 1. 明确比赛规则与方法	□个人 √小组 □集体 ……
2. 随机球(不固定落点)	48	1分40秒	中		
3. "冠军"挑战赛	1	3分钟	中		

(续表)

学习内容	运动负荷			教与学的活动 ◎教师 ◇学生 ☆评价要点	组织与队形 (活动形式)
	次数	时间	强度		
				2. 裁判及时判罚,判罚准确 3. 观赛同学遵守秩序 ☆: 反应迅速,自信比赛,相互鼓励	
教学资源				1. 实物资源:乒乓球桌 6 台,固定乒乓球器 12 个,乒乓球发球机 6 台,乒乓球房 1 间,收球器 6 个,乒乓球若干 2. 数字资源:多媒体课件 1 份,LED 显示屏 1 块,智能拍 6 块	
作业设计				根据课堂内乒乓球技能技术的学习情况,通过击固定球练习,提高学生的球性和基本功;使学生通过双飞跳比赛,发展上肢力量,提高身体协调性、灵敏性;促使学生养成自主学习和日常锻炼习惯,培养优良的体育品质	

课时	作业内容	类型	形式
第 5 课时	1. 左推右攻打法是乒乓球运动中哪种类型的打法 2. 移动击固定球练习(左推右攻)50 次 * 3 组 3. 双飞跳比赛(数量累计排名)30 秒 * 3 组 4. 欣赏 1 场比赛并写 1 篇观后感	√复习型 □预习型 √扩展型 □创造型	√实践 √口头 √书面 √观赏

交流拓思路　互鉴促提升

——田径:跑与跳的实践运用及能力提升

一、前期分析

1. 课标解析

八年级"田径:跑与跳的实践运用及能力提升"属于体育与健康课程专项运动技能中"田径类运动"中的"跑"和"跳"项目。表1中的"内容"是结合上海现行教材和学校特色重构的学习内容,"要求"是针对主要内容给出的要求列举。

表1　"田径:跑与跳的实践运用及能力提升"内容与要求

内容	要　求
基础知识与基本技能	1. 理解跳远、接力跑动作技术的基本原理和了解跳跃运动的历史发展,学会制订并实施跳远、接力跑的学练计划 2. 掌握节奏性快速助跑、平衡性腾空步等跳远基本动作技术和组合动作技术,掌握上挑式、下压式的接力跑交接棒方法,改进蹲踞式跳远的完整技术动作
技战术运用	1. 运用踏板起跳等跳远的基本动作技术、组合动作技术和完整动作技术 2. 运用棒次安排、三跳比例等战术
体能	1. 主动参与高抬腿、连续跨跳、追逐赛及各种相关跑跳组合动作练习,提升下肢爆发力、位移速度和灵敏性等 2. 掌握多种增进体能的练习方法和负荷设定的原则、方法
展示或比赛	1. 积极参与不同形式的个人或小组接力跑和跳远比赛 2. 在比赛中正确并熟练运用接力跑和跳远动作技术,表现出节奏稳定、下肢爆发力强的运动能力

（续表）

内容	要　求
规则与裁判方法	1. 了解比赛规则、秩序和成绩测试方法,学习组织班级内跳远比赛,学会与同伴合作完成比赛场地、器材、着装的安全检查和成绩记录等 2. 理解跳远和接力跑的比赛规则和裁判方法 3. 参与场地布置与裁判等工作
观赏与评价	1. 关注跳远和接力跑比赛的相关信息 2. 每学期通过现场、网络或电视观看不少于 8 次接力跑、跳远比赛,并能对某场高水平的比赛作出分析与评价

备注:参照《义务教育体育与健康课程标准(2022 年版)》

2. 教材内容

本单元的跳远运动项目主要为蹲踞式跳远、立定三级跳和接力跑。

【动作方法】

蹲踞式跳远:助跑速度逐渐加快,保持最快速度起跳,起跳脚以全脚掌着地,用力蹬地使髋、膝、踝各关节充分伸展,双臂与摆动腿协调配合摆动;起跳腾空后,起跳腿由后向前屈膝高抬,与摆动腿并拢,双腿上抬靠胸,形成空中蹲踞姿势;下落时,小腿前伸,屈髋屈膝,尽可能保持身体平衡。

立定三级跳:双脚左右开立,与肩同宽,双臂预摆后双脚同时用力蹬地向前上方跳起,腾空后用有力的腿屈膝向前上方抬起,并积极落地;另一条腿向前上方高抬,有力腿迅速蹬地跳起向前跨,然后跨跳腿积极落地踏跳,经腾空后双脚前伸落地(沙坑)。

接力跑:田径赛项目中规定人数、限定距离,并以接力棒为传接工具的集体项目。上挑式交接棒是指接棒人听到信号时,将接棒手臂向后伸出,手臂与身体躯干成 40°到 45°,拇指与四指自然张开,虎口朝下,掌心向后,传棒人将棒由下向前上方"挑送"到接棒人手中。下压式交接棒是指接棒队员听到信号时,将手臂向后伸,手臂与躯干成 50°到 60°,拇指与其他四指自然张开,虎口朝后,手腕内旋,掌心向上,传棒人将棒的前端由下向上"压送"到接棒人手中。

【相关体能】

接力跑和跳跃项目所需的基本素质包括速度素质、力量素质、耐力素质、柔韧素质和灵敏素质,还需要下肢蹬伸的爆发力、核心稳定能力、躯干屈伸的能力,以及大腿前后侧和髋部的柔韧性等。

3. 学情基础

【学习基础】

学生在六年级时学习快速跑和蹲踞式跳远,具有一定的跳跃能力,但是没有接触过立定三级跳和接力跑的相关内容。

【身心特点】

八年级的学生乐观阳光,具有一定的独立思考能力,对新鲜事物具有较强的好奇心,同伴之间也能表现出相互帮助、团结协作等集体主义精神,但遇到困难或较高难度的教学内容时心理发展不够稳定,意志力较薄弱,快速反应的能力较弱。此外,八年级的学生仍处于发育之中,腿部力量较弱,尤其对于女生来说,练习该项目更为困难。

【能力水平】

学生的身体形态和各项生理机能都有显著变化,普遍存在腿部和腹部的核心肌肉力量较弱的问题,在身体协调性、上肢力量及控腿等方面也存在不同程度的差异性。

二、整体规划

1. 单元主题

本单元教学以"为了每一个学生的终身发展"教育理念为引领,坚持面向全体学生,力求教学过程的层层推进,运用合作学习等学习方式,确定了"交流拓思路,互鉴促提升"的学习主题。让学生在互相观察与分析、指导与帮助、评价与反思中理解和掌握动作技术,从而逐步形成思练协同的模式,提升运动能力及享受跑与跳比赛的魅力,用自己拼搏的汗水和坚强的意志,赢得属于自己的辉煌成绩。

2. 单元目标

(1)了解接力跑和跳远项目的发展与常用术语;进一步熟悉接力跑和跳远运动的价值和裁判规则,能够承担组内、组间比赛的执裁任务;熟练掌握各种接力跑和跳远的动作方法及动作要领;能理解和掌握组合技术动作的衔接要点和运用情境。在体能练习中,积极完成一般身体素质和专项身体素质练习的内容与任务,从而发展速度、力量等素质,提高身体协调能力及弹跳力。

(2)在学练赛中,专注教师的讲解和示范,仔细倾听同伴的发言;并能在动作技能学练中相互观察与帮助,指正与鼓励同伴;养成运动热身、放松的习惯;能在实战比赛中积极调整心态,增强情绪调控能力,从容应对比赛的突发情况,表现出勇于挑战自我的精神;能有意识地在生活中运用奔跑与跳跃的知识和技能,并主动按量、按质、按序完成课内外的练习内容和任务,也能根据场地器材使用人数的实际情况选择适宜的运动负荷,提高安全锻炼的意识与能力。

(3)在多种跑跳项目比赛中遵守规则。在学练赛中,能主动克服困难,具有挑战自我的精神,能胜任不同的运动角色,能够相互合作学习,自觉遵守比赛规则,做出维护规则的行为,并能正确看待比赛的胜负。

3. 单元评价

本单元教学依据《义务教育体育与健康课程标准(2022年版)》中的评价要求,选择多元评价的方式,注重多种评价方法的有机结合,强调多元评价主体的共同参与,尤其对学生运动能力、健康行为和体育品德三个方面的具体表现进行评价,表2为"田径:跑与跳的实践运用及能力提升"评价表。

表2　"田径:跑与跳的实践运用及能力提升"评价表

运动名称					
评价维度	评价内容	自评	互评	师评	综合
运动能力	了解接力跑和跳远运动的价值,能熟练掌握蹲踞式跳远、立定三级跳和接力跑的动作方法及动作要领				
	能用物理学原理解释动作要领,并在比赛场景中,能正确、合理地运用技术				
	在体能练习中,积极完成一般身体素质和专项身体素质练习的内容与任务				
健康行为	主动回答教师的问题,与同伴积极探讨,说出本单元关键技术要领,并能演示动作,会评价				
	具有安全意识,遵守练习秩序,不做危险动作				
	在小组合作学习中,承担观察员、计时员的角色,分工明确,具有一定的指导能力				
体育品德	表现出咬定目标、攻坚克难、挑战卓越、超越自我的精神				
	做到胜不骄、败不馁,尊重裁判,尊重对手				
	具有服务意识,主动参与场地布置				
评语			总分		
			等级		

4. 单元内容

依据《义务教育体育与健康课程标准（2022 年版）》课程内容,从学生的需求、实际生活需要出发,构建了"田径:跑与跳的实践运用及能力提升"的大单元内容(见图 1),实施核心素养导向下的单元教学,设计核心任务、创设教学情境,促使学生在跳远运动实践中提升技能;同时将体育精神自然渗透在教学中,实现育人功能。

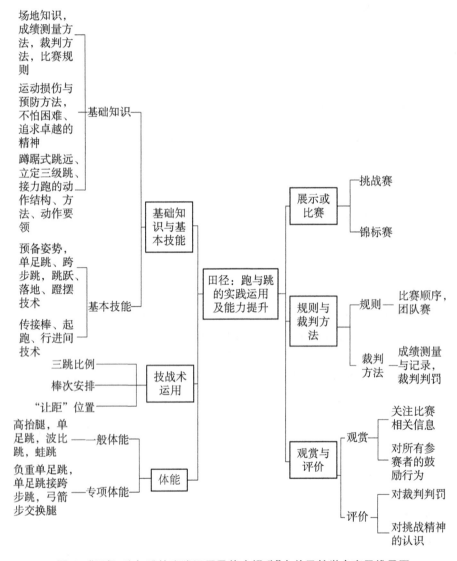

图 1 "田径:跑与跳的实践运用及能力提升"大单元教学内容思维导图

　　结合新课标"教会、勤练、常赛"的课程理念,落实"学练赛"一体化教学,基于学生学情、师资构成、学校运动场地设施等情况,以"慧学、乐练、悦赛"为主线贯穿18课时的学习活动,激发学生的运动兴趣,改变他们的运动动机,加深他们对跳远及接力跑项目完整的体验与理解。

表3　"田径:跑与跳的实践运用及能力提升"大单元18课时教学内容安排

课时	教学内容	学习活动(慧学、乐练、悦赛)
1	蹲踞式跳远1	1. 体验助跑起跳技术 2. 学习起跳技术(分解、完整练习) 3. 学习丈量步点(便步法、倒跑法) 4. 学习短程助跑起跳技术(4、6步) 5. "＊＊杯"田径挑战赛1(蹲踞式跳远)
2	蹲踞式跳远2	1. 复习助跑起跳(6步) 2. 学习中程助跑起跳技术(8、10步) (1)"较大"起跳区域 (2)"标准"起跳区域 3. "＊＊杯"田径挑战赛2(蹲踞式跳远)
3	蹲踞式跳远3	1. 复习起跳技术 2. 学习起跳腾空步技术 (1)腾空步模仿练习(方垫辅助) (2)腾空步模仿练习(双杠、方垫辅助) 3. 5～7步助跑起跳练习(条件限制) 4. 5～7步助跑连续起跳完整练习 5. "＊＊杯"田径挑战赛3(蹲踞式跳远)
4	蹲踞式跳远4	1. 复习助跑接起跳及腾空技术 2. 学习落地技术(收腹举腿) (1)借助小垫子练习 (2)海绵包练习 3. 学习全程助跑起跳技术 4. "＊＊杯"田径挑战赛4(蹲踞式跳远)
5	蹲踞式跳远5	1. 复习全程助跑起跳完整练习 2. 学习蹲踞式跳远比赛战术(步点分配) 3. "＊＊杯"田径锦标赛(蹲踞式跳远)预赛 4. 蹲踞式跳远专项体能
6	蹲踞式跳远6	1. 赛前专项准备活动 (1)田径专项热身 (2)蹲踞式跳远专项热身 2. "＊＊杯"田径锦标赛(蹲踞式跳远)决赛 3. 赛后专项放松活动

(续表)

课时	教学内容	学习活动(慧学、乐练、悦赛)
7	立定三级跳 1	1. 体验立定三级跳 2. 学习立定单足跳 (1) 跑酷1(单足跳接跨步跳摆臂-两腿障碍物　折叠摆腿) (2) 跑酷2(跨步走接立定跳摆臂-距离拉大　两腿折叠摆腿) 3. "友种"挑战赛1(预赛＋决赛)
8	立定三级跳 2	1. 游戏:"爱拼才会赢" 2. 学习跨步跳 (1) 条件作业练习(蹬摆练习) (2) 分层练习 　　分层练习1:抗阻力抬腿练习 　　分层练习2:连续跨步跳障碍物 3. "友种"挑战赛2(预赛＋决赛)
9	立定三级跳 3	1. 游戏:跑酷大闯关 2. 复习巩固跳跃技术(三步起跳、收腹举腿) 3. "友种"挑战赛(预赛):条件作业练习(踏板、标志物) 4. "友种"挑战赛3(决赛)
10	立定三级跳 4	1. 复习立定三级跳完整技术 2. 条件作业练习 (1) 单脚跳控距练习 (2) 前两跳控距练习 (3) 个人障碍赛 3. 个人阶段赛　预赛 　　个人选拔赛　决赛
11	立定三级跳 5	1. 复习立定三级跳完整技术 2. 学习落地技术(前倒、臀部缓冲法) (1) 分解、完整 (2) 辅助练习 3. "＊＊杯"田径锦标赛(立定三级跳)预赛 4. 立定三级跳专项体能
12	立定三级跳 6	1. 赛前专项准备活动 (1) 田径专项热身 (2) 立定三级跳专项热身 2. "＊＊杯"田径锦标赛(立定三级跳)预赛 3. 赛后专项放松活动
13	接力跑 1	1. 复习面对面迎面接力

(续表)

课时	教学内容	学习活动(慧学、乐练、悦赛)
13	接力跑1	(1) 原地立棒式传接棒技术 (2) 30 米迎面接力 2. 学习传接棒技术 (1) 原地传接棒练习 ①上挑式;②下压式 (2) 慢跑完成传接棒练习 ①上挑式;②下压式;③混合式 (3) "＊＊杯"挑战赛(接力跑) ①行进间跑 30 米;②启动跑 25 米
14	接力跑2	1. 下压式传接棒 体验行进间下压式传接棒 2. 学习下压式传接棒完成技术 (1) 条件作业下传接棒时机练习(弹力带) ①上步控距传接棒;②行进间控距传接棒;③行进间传接棒(无弹力带) (2) 接棒前的起跑技术(预跑点的确定) (3) "＊＊杯"挑战赛(接力跑) ①半程预赛;②300 米决赛
15	接力跑3	1. 复习与体验 ①原地上挑式传接棒技术;②体验行进间上挑式传接棒技术 2. 学习上挑式传接棒完整技术 ①接力赛起跑;②两人上挑式交接棒;③半程上挑式交接棒;④"＊＊杯"挑战赛(接力跑)
16	接力跑4	1. 接力跑的技巧与战术 (1) 棒次分配 (2) 战术运用 2. "＊＊杯"挑战赛(接力跑) (1) 半程接力赛 (2) 全程接力赛 3. "＊＊杯"田径锦标赛(接力跑)决赛
17	"＊＊杯"田径锦标赛(预赛)	1. 赛前专项热身 2. "＊＊杯"田径锦标赛(预赛)
18	"＊＊杯"田径锦标赛(决赛)	1. 赛前专项热身 2. "＊＊杯"田径锦标赛(决赛)

三、具体实施

【第 10 课时】

学习目标	1. 参与立定三级跳完整动作的相关练习及学习裁判规则,能够承担个人阶段赛及个人选拔赛的执裁任务,了解各跳之间的衔接,能做到把握节奏,上下肢蹬摆有力,掌握身体协调发力的技术,积极参与障碍挑战赛环节分解学练和体能练习,在体能练习中,体验各项专项及一般体能的练习,发展速度、力量、灵敏性、协调性等身体素质 2. 在立定三级跳学练赛中,专注教师的讲解和示范,仔细倾听同伴的发言,积极开展自身思维活动;激励学生积极投入学练中;主动按量、按质、按序完成课内外的练习内容要求和任务 3. 在立定三级跳学练赛中,促进学生形成正确的团队观念,培养其不怕困难,敢于挑战自我、勇于拼搏、积极进取的精神品质和合作交流的团队精神
问题类型及问题链	□层层递进型问题链 □总结迁移型问题链 √反思循环型问题链 第10课时 关键问题　如何做到第二跳与第三跳的合理衔接? 　　1. 如何做到合理的三跳比例? 　　2. 如何解决三跳衔接不流畅的问题? 　　3. 怎么把握跳的节奏?
任务类型	□主题选择相关的任务群 √问题链相关的任务群 □情境介导相关的任务群
任务一	复习立定三级跳
设计意图	通过多媒体课件的运用,将技术动作分解、定格的形式,慢动作播放的形式呈现给学生,帮助学生掌握正确的动作概念;借助"闵晓数"智慧笔和"闵智作业"平台,进行精准的学练分析和个性化教学指导

（续表）

学习内容	运动负荷			教与学的活动 ◎教师　◇学生　☆评价要点	组织与队形 （活动形式）
	次数	时间	强度		
复习立定三级跳	3	1分钟	中	◎： 1. 引导学生回顾动作要领 2. 通过智慧笔来计算合理的三跳距离 3. 组织练习、巡视指导 ◇： 1. 分小组练习完整动作 2. 采集数据，计算前两跳成绩 3. 主动思考存在的问题 ☆： 1. 上下肢协调配合，控制跳的节奏 2. 及时准确记录数据	□个人 √小组 □集体 ……

教学资源	实物资源：室内篮球馆1个，标志贴40张，刻度尺14把 数字资源：智慧笔20支，"闵智作业"平台
任务二	条件作业下立定三级跳练习
设计意图	根据标志贴标识进行控距跳，并利用智慧笔记录，明确第二跳是立定三级跳水平的分水岭，第二跳的动作幅度、距离、水平速度决定整个三级跳的远度。

学习内容	运动负荷			教与学的活动 ◎教师　◇学生　☆评价要点	组织与队形 （活动形式）
	次数	时间	强度		
1. 第一跳（控距） 2. 第二跳（控距） 3. 立定三级跳完整动作	10 10 10	1分钟 1分钟 2分钟	中 中 大	◎： 1. 示范，口令提示，强调单脚跳、跨步跳及三跳的衔接动作要领 2. 组织学生练习，巡视指导，提示自评 ◇： 1. 认真观察，明确练习方法与要求 2. 两人一组，根据标志贴标识进行控距跳，相互指导练习，并利用智慧笔记录 ☆： 摆臂摆腿有力，起跳时吸气，落地时呼气；全脚着地，过渡到前脚	□个人 √小组 □集体 ……

（续表）

学习内容	运动负荷			教与学的活动 ◎教师　◇学生　☆评价要点	组织与队形 （活动形式）
	次数	时间	强度		
				掌,向前摆腿,充分送髋;做好低头含胸、收腹、伸小腿、勾脚尖的动作,双臂上举,落地,屈膝,带动髋关节前移	

教学资源	实物资源:室内篮球馆1个,标志贴40张,刻度尺14把 数字资源:智慧笔20支,"闵智作业"平台

任务二	立定三级跳个人挑战赛

设计意图	提高学生对立定三级跳学习的激情,提升学生的学习技能,检验学生学与练的成果,培养学生的实战能力,提升学生的综合素养

学习内容	运动负荷			教与学的活动 ◎教师　◇学生　☆评价要点	组织与队形 （活动形式）
	次数	时间	强度		
1. 个人阶段赛(预赛) 2. 个人选拔赛(决赛)	3 3	1分30秒 1分30秒	中 中	◎: 1. 引导学生观看比赛方法与要求,利用智慧笔记录成绩 2. 提出要求、强调要领,组织学生扮演运动员角色、裁判角色 3. 巡视指导,鼓励学练 4. 宣布冠军赛前三名的同学 ◇: 1. 认真观察,明确比赛规则与评价方法 2. 分角色完成练习 3. 裁判及时判罚,判罚准确 4. 观赛同学遵守秩序 ☆: 1. 相互鼓励,积极练习,公平竞争 2. 正确、合理地运用技术	□个人 √小组 □集体 ……

教学资源	实物资源:室内篮球馆1个,标志贴40张,刻度尺14把 数字资源:智慧笔20支,"闵智作业"平台

作业设计	根据课堂内立定三级跳的学习情况,通过与家人和朋友共同练习,提高立定三级跳的能力;通过跳深练习,发展上肢力量,提高身体协调性、灵敏性;养成自主学习和日常锻炼的习惯,培养优良的体育品质

(续表)

课时	作业内容	类型	形式
第 10 课时	1. 回答立定三级跳的重难点是什么 2. 与家人和朋友一起完成立定三级跳练习(3次＊1组),并相互记录成绩 3. 跳深 10 次＊3 组 4. 掌握立定三级跳的热身与放松活动	√复习型 □预习型 √扩展型 □创造型	√实践 √口头 √书面 □观赏

习太极精髓，强华夏精神

——武术：熔炼三十二式太极剑的攻防实战

一、前期分析

1. 课标解析

十年级"武术：熔炼三十二式太极剑的攻防实战"属于高中体育与健康课程必修选学（运动技能系列）中的"剑术"。表1中的"内容"是结合上海现行教材和学校特色重构的学习内容，"要求"是针对主要内容给出的要求列举。

表1 "武术：熔炼三十二式太极剑的攻防实战"内容与要求

内容	要　　求
基础知识与基本技能	1. 了解剑术的起源与发展，知道剑术的特点和锻炼价值；知道剑的结构与握法；读懂三十二式太极剑图解；学会剑术的基本礼仪；掌握正当防卫的要义，牢记剑术的安全知识和防护技能，知道运用武术知识保护自身安全 2. 知道并掌握三十二式太极剑的动作名称、方法，识记"刺、劈、挂、撩"等太极剑法
技战术运用	1. 熟练掌握三十二式太极剑的成套动作和基本剑法组合，并成功运用剑法等组合攻防技术；能结合实战尝试见招拆招，学会使用巧劲、顺势借力 2. 理解三十二式太极剑的技击方法与组合构成规律及其在套路创编、展示和比赛中的运用；善用图解进行自主预习和课后复习或比赛展演（每周不少于2次）
体能	1. 积极参与和健康体能、运动体能相关的训练，促进三十二式太极剑的学习 2. 掌握多种增强健康体能和运动体能的练习方法和负荷设定的原则、方法；提高机体各器官系统的机能，促使身体的均衡发展和良好心理品质的形成，发展体能水平、运动技能和对抗能力

（续表）

内容	要　　求
展示或比赛	参与班级内和年级内的擂台赛，表现出太极剑比赛的基本礼仪
规则与裁判方法	1. 知道并正确运用剑术的基本规则和评分标准，积极参加相关比赛并担任执裁工作 2. 在学练和比赛中表现出良好的礼仪规范，遵守规程，情绪稳定，具备合作学习的能力
观赏与评价	通过现场或网络等文明观赏不少于8次的展演或比赛，并结合学练、比赛参与自评和互评，如用专业术语讨论比赛，对运动员在比赛中的表现做出分析与评价

备注：参照《普通高中体育与健康课程标准（2017年版2020年修订）》

2. 教材内容

三十二式太极剑以太极拳法为基础，结合剑的特性发展而成，既保留了拳术的精粹，又能展现剑术的长处。除起势、收势外共有32个动作，整个套路分四组，每组由8个动作组成，它主要包括抽、带、撩、刺、点、劈等主要剑法，弓步、虚步、仆步、独立步、并步、丁步等步型；还有进、退、上、撤、跟、跳、并、摆、扣等步法，以及转、旋、缩、反等身法转换。三十二式太极剑属于杨式太极剑的入门套路，适合初学者。

三十二式太极剑动作舒展，关节活动较大，对肌肉和韧带的柔韧性有较好的促进作用，可以锻炼手、脚、眼等各部位的协调配合能力、身体控制能力和平衡能力，还可以提高动作的速度、连贯性及节奏感，更能培养学生的习武兴趣，以及耐心、沉稳、冷静、理智、宽厚等品质。

本单元共设计18个课时，让学生学会三十二式太极剑，能在音乐伴奏下独立或者小组进行展演，并能在正当防卫时，根据现实情况的需求熟练运用刺、带、捧、抽等剑法进行攻击和防守。

【功能特征】

剑法清晰，具有舒展圆活、连绵不断、快慢相间、体用兼备的特征，其动作名称多以象形取意，高雅别致。

【相关体能】

太极剑需要具备耐力、速度、力量、柔韧、灵敏、反应等多方面的身体素质，比如下肢稳固需要增强腿部力量,各种腿法需要提高腿部的柔韧性,攻防演练需要快速的判断能力和反应能力等。

3. 学情基础

【学习基础】

本单元的教学对象在初中学习了武术操《英雄少年》,在六、七年级学习掌握了少年连环拳的复式套路,在八、九年级学习掌握了少年初级长拳,在高中又学习了二十四式简化太极拳,从而对武术的概念和文化有了一定的了解,并具有一定的基础和兴趣。

【身心特点】

该年龄段的男生普遍协调性较差,而女生的力量偏小。他们的兴趣与世界观正处于逐步形成的阶段,同时个性突出,主观能动性较强,有一定的竞争意识,对于新鲜事物有一定的求知欲,特别地,他们对武术表现出较高的兴趣,渴望对武术有更多的了解,想更好地学习和提高自己在武术方面的修养,但大多表现出重视技击技巧而轻视套路练习的思想。因此,在本单元的教学设计中,教师多创设模拟攻防的多种情境,来激发学生的学练兴趣。

【能力水平】

能模仿武术外形动作,但对动作节奏的处理和把握、对动作规格和要领的理解比较欠缺,不能真正领悟和体会三十二式太极剑的内在精髓,缺乏套路演练意识,因此,通过对学生进行动作攻防含义的讲解,使其更易于掌握所学内容,让更多学生在体验成功和享受乐趣中感受中华武术的魅力。

二、整体规划

1. 单元主题

本单元以课程标准为理论依据,坚持"以学生发展为本"的课程理念,挖掘丰富多彩的民族传统体育素材,以不同的情境激发学生对民族文化的学习兴趣和热情,培养学生的学习与运用能力,以掌握基本的太极剑知识、技术和技法为初衷,确定了"习太极精髓,强华夏精神"的学习主题。通过教学内容设定、教学环节设计、教学方法选择,创设练习情境,巧妙选取辅助器材,帮助学生掌握正确的规范动作,并结合攻防技术,促进学生懂得动作的技击含义和特点,学会简单的防身自卫方法,体会武术的博大精深,从而产生对民族传统文化的认同感、自豪感。

2. 单元目标

（1）理解太极剑的技法特点与动作基本原理；说出"独立抡劈、跳步平刺"等动作的技术要领；识别"点剑、劈剑、截剑、拦剑"的剑法；掌握套路（单练、对打）；制订并实施太极剑学练计划；运用正确、规范协调的基本动作技术、组合动作技术和套路完成独立展演，学会创编简单组合；能在模拟攻防情境中运用防身自卫动作；思考个人制胜的时机和劲力等因素的同时参与集体协同作战；能组织比赛并能承担班级比赛的部分裁判工作；通过现场或网络等文明观赏不少于8次的展演或比赛，并从动作质量、演练水平等方面对展演或比赛进行评价；独立参与协调性、平衡、力量、速度、耐力等方面的体能练习，体质健康测试成绩达到合格以上。

（2）能在校内外进行体育锻炼时自主学练太极剑，与亲友分享所学到的太极剑动作，养成进行太极剑锻炼的习惯；知道太极剑运动常见的运动损伤部位，加强自我保护意识，掌握预防与简单处理常见剑术运动损伤的方法；在学练、展演或比赛中保持安全间距，观察周边环境，具有较好的环境适应能力。

（3）积极参与太极剑展示或比赛，表现出沉着冷静、勇敢果断、不断挑战自我的精神；能自觉遵守剑术礼仪规范和比赛规则，尊重对手，服从裁判，且具有合作互助和公平竞争的意识。

3. 单元评价

本单元教学评价依据《普通高中体育与健康课程标准（2017年版2020年修订）》中的评价要求，选择多元评价的方式，注重多种评价方法的有机结合，强调多元评价主体的共同参与，尤其对学生运动能力、健康行为和体育品德三个方面的具体表现进行评价。表2为"武术：熔炼三十二式太极剑的攻防实战"大单元评价表。

表2　"武术：熔炼三十二式太极剑的攻防实战"大单元评价表

运动项目					
评价维度	评价内容	自评	互评	师评	综合
运动能力	了解太极剑的价值，能熟练掌握独立抡劈、跳步平刺等动作的方法及要领				

（续表）

评价维度	评价内容	自评	互评	师评	综合
运动能力	基本理解和初步掌握组合动作技术的衔接要点，并在对抗比赛场景中，能正确、合理地运用单个技术、组合动作技术				
	在体能练习中，积极完成一般身体素质和专项身体素质练习的内容与任务				
健康行为	主动回答教师的问题，与同伴主动交流，说出本单元的关键技术要领，并能演示动作，会评价				
	在三十二式太极剑的学练和比赛中，互学互助，携手共进				
	在团队合作学习中，承担评分裁判员、编排记录员等角色，分工明确，具有一定的指导能力				
体育品德	表现出勤学好问、力学笃行、勇于挑战的体育品德				
	尊重裁判，尊重对手				
	表现出心中存规矩、行为有担当的品质				
评语			总分		
			等级		

4. 单元内容

依据《普通高中体育与健康课程标准（2017 年版 2020 年修订）》的课程内容，结合上海市《高中体育与健康》教材内容，并从学生的需求、实际生活需要出发，构建了"武术：熔炼三十二式太极剑的攻防实战"的大单元内容（见图 1），实施核心素养导向下的单元教学，设计核心任务，创设教学情境，培养学生运用攻防的意识；同时将"武德"自然渗透在教学中，实现育人功能。

结合新课标"教会、勤练、常赛"的课程理念，基于当下社会发展、学生学情、师资构成、学校运动场地设施等情况，精选和深度加工学习内容，以"慧学、乐练、悦赛"为主线贯穿 18 课时的学习活动，通过创设真实且复杂的不同情境，激发学生习武兴趣，改变他们的习武动机，加深对三十二式太极剑完整的体验与理解，让学生真正体会武术的健身性和技击性，达到强身健体和防身自卫的效果。

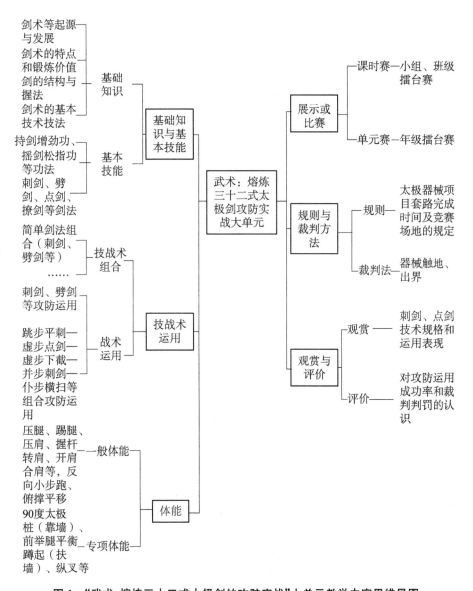

图1 "武术:熔炼三十二式太极剑的攻防实战"大单元教学内容思维导图

表3 "武术:熔炼三十二式太极剑的攻防实战"大单元18课时教学内容安排

课时	教学内容	学习活动(慧学、乐练、悦赛)
1	剑法组合动作1	1. 剑的结构,持剑、握剑、剑指,武礼(持、递、接) 2. 持剑增劲功 3. 剑法:刺剑

(续表)

课时	教学内容	学习活动（慧学、乐练、悦赛）
1	剑法组合动作 1	4. 组合动作 1：弓步平刺—歇步后刺—弓步反刺—独立上刺 5. 刺剑攻防实践
2	剑法组合动作 2	1. 摇剑松指功 2. 剑法：劈剑 3. 组合动作 2：弓步前劈—叉步后劈—歇步侧劈—翻身提膝下劈 4. 劈剑攻防实践
3	剑法组合动作 3	1. 旋剑活腕功 2. 剑法：点剑 3. 组合动作 3：虚步点剑—回身提膝点剑—丁步点剑—弓步点剑 4. 点剑攻防实践
4	剑法组合动作 4	1. 圈剑通劲功 2. 剑法：撩剑 3. 组合动作 4：右弓步撩—左虚步撩—歇步反撩—叉步前撩 4. 撩剑攻防实践
5	三十二式太极剑第一组动作 1	1. 剑法组合 1 2. 三十二式太极剑第一组 1 ①并步点剑；②独立反刺；③仆步横扫 3. 小组擂台赛 1
6	三十二式太极剑第一组动作 2	1. 剑法组合 1 2. 三十二式太极剑第一组 2 ①向右平带；②向左平带；③独立抡劈；④退步回抽；⑤独立上刺 3. 小组擂台赛 2
7	三十二式太极剑第二组动作 1	1. 剑法组合 2 2. 三十二式太极剑第二组 1 ①虚步下截；②左弓步刺；③转身带剑；④缩身斜带 3. 小组擂台赛 3
8	三十二式太极剑第二组动作 2	1. 剑法组合 2 2. 三十二式太极剑第二组 2 ①提膝捧剑；②跳步平刺；③左虚步撩；④右弓步撩 3. 小组擂台赛 4

(续表)

课时	教学内容	学习活动（慧学、乐练、悦赛）
9	三十二式太极剑第一、二组动作	1. 剑法组合 1—2 2. 三十二式太极剑第一、二组 3. 小组擂台赛 5
10	三十二式太极剑第三组动作 1	1. 剑法组合 3 2. 三十二式太极剑第三组 1 ①转身回抽；②并步平刺；③左弓步拦；④右弓步拦 3. 小组擂台赛 6
11	三十二式太极剑第三组动作 2	1. 剑法组合 3 2. 三十二式太极剑第三组 2 ①左弓步拦；②进步反刺；③反身回劈；④虚步点剑 3. 小组擂台赛 7
12	三十二式太极剑第四组动作 1	1. 剑法组合 4 2. 三十二式太极剑第四组 1 ①独立平托；②弓步挂劈；③虚步抢劈；④撤步反击 3. 小组擂台赛 8
13	三十二式太极剑第四组动作 2	1. 剑法组合 4 2. 三十二式太极剑第四组 2 ①进步平刺；②丁步回抽；③旋转平抹；④弓步直刺； ⑤收势 3. 小组擂台赛 9
14	三十二式太极剑第三、四组动作	1. 剑法组合 3—4 2. 三十二式太极剑第三、四组 3. 小组擂台赛 10
15	三十二式太极剑攻防组合动作 1	1. 三十二式太极剑全套动作 2. 三十二式太极剑攻防组合 1：弓步直刺—向右平带 3. 班级擂台赛 1
16	三十二式太极剑攻防组合动作 2	1. 三十二式太极剑全套动作 2. 三十二式太极剑攻防组合 2：虚步点剑—独立抢劈—左虚步撩 3. 班级擂台赛 2
17	三十二式太极剑攻防组合动作 3	1. 三十二式太极剑全套动作 2. 三十二式太极剑攻防组合 3：跳步平刺—虚步点剑—虚步下截—并步刺剑—仆步横扫 3. 年级擂台赛 1
18	"华山论剑"	1. 三十二式太极剑全套动作 2. 年级擂台赛 2

三、具体实施

【第 15 课时】

学习目标	1. 学习三十二式太极剑攻防组合,在"隔屏攻防"任务中掌握正当防卫时刺、带剑法的运用方法,并能在"防守大师"的情境中灵活运用捧、抽等剑法进行防守。通过技能学练和借助剑鞘的体能练习发展灵敏性、协调性和力量 2. 能在校内外体育锻炼时自主学练太极剑,与亲友分享所学的太极剑动作,养成太极剑锻炼的习惯;在学练、展演或比赛中保持安全间距,观察周边环境,具有较好的环境适应能力 3. 参与三十二式太极剑练习,体会神舒体静的内涵,在学练中做到谦逊有礼,形成乐观向上、持之以恒的意志品质,并学会科学锻炼的方法
问题类型及问题链	√层层递进型问题链 □总结迁移型问题链 □反思循环型问题链 关键问题 如何灵活运用刺剑、带剑、捧剑、抽剑等进行防身自卫、克敌制胜? 1. 人体的要害部位有哪些? 2. "三盘"的位置在哪里? 3. 如何在闯关赛中灵活运用带剑、捧剑、抽剑等进行防守?
任务类型	□主题选择相关的任务群 □问题链相关的任务群 √情境介导相关的任务群
任务一	认识身体的要害部位,辨别"上盘、中盘、下盘"
设计意图	教师借助动画与视频,引导学生认识身体的重要部位,辨别"上盘、中盘、下盘",并对攻防动作进行归类

教学内容	运动负荷			教与学的活动 ◎教师　◇学生　☆评价要点	组织与队形 (活动形式)
	次数	时间	强度		
1. 身体的重要部位				◎: 1. 介绍身体的重要部位和"三盘",并播放相关视频	□个人 □小组 √集体

（续表）

教学内容	运动负荷			教与学的活动 ◎教师　◇学生　☆评价要点	组织与队形 （活动形式）
	次数	时间	强度		
2. 辨别"三盘" 3. 对攻防动作进行归类				2. 提问哪些动作是进攻动作,哪些是防守动作 ◇: 1. 观看视频,并了解身体的重要部位和"三盘" 2. 思考问题,并总结归纳 ☆:集中注意力观察,积极回答	……

教学资源	数字资源:多媒体课件1份,LED显示屏1块
任务二	隔屏攻防演练
设计意图	把具有攻防含义的动作利用简易靶进行剖析,使学生体会动作要领和用力点,形成正确的肌肉用力顺序,明确攻防内涵并掌握方法

教学内容	运动负荷			教与学的活动 ◎教师　◇学生　☆评价要点	组织与队形 （活动形式）
	次数	时间	强度		
1. 复习"弓步直刺—向右平带" （1）问题导入 （2）弓步直刺（靶位力点练习） （3）向右平带（靶位力点练习） 2. 隔屏防守 3. 隔屏进攻	3 6 6	3分钟 3分钟 3分钟	中 中 中	◎: 1. 示范"弓步直刺—向右平带"攻防动作,并提问弓步直刺进攻的是"三盘"中的哪一个 2. 讲解简易靶的用法、要求与攻防含义,组织学生复习"弓步直刺—向右平带" 3. 播放动画,组织学生隔屏练习,并纠错指导 ◇: 1. 观看"弓步直刺—向右平带"攻防动作,并思考问题 2. 明确简易靶用法、要求与攻防含义,集体练习弓步直刺和向右平带的动作 3. 根据动画进行隔屏练习 ☆: 1. 迅速调整队形,积极思考 2. 明确刺剑力达剑尖、带剑力达剑刃的要求	□个人 □小组 √集体 ……

（续表）

教学资源	1. 实物资源：太极剑48把，简易靶24个，胶带1卷 2. 数字资源：多媒体课件1份，LED显示屏1块					
任务三	"防守大师"闯关赛					
设计意图	深加工、精提炼已学内容，使学生所学过的内容系统化、结构化，并与新知识有机结合成一个整体，从而有利于学生巩固、消化、归纳基础知识					

学习内容	运动负荷			教与学的活动 ◎教师　◇学生　☆评价要点	组织与队形 （活动形式）
	次数	时间	强度		
闯关赛 1. 引出"退步回抽和弓步拦剑" 2. 第一关（中速）2种防守动作 3. 第二关（快速）3种防守动作	6 6 6	3分钟 3分钟 3分钟	中 中 中	◎： 1. 示范"退步回抽和弓步拦剑"动作，讲解动作的方法和要领 2. 播放动画，组织学生参与闯关赛，并进行纠错指导 ◇： 1. 观看示范，了解动作线路，明确动作要领 2. 根据动画参与闯关赛 ☆： 1. 预判准确，快速反应 2. 积极参与，胜不骄、败不馁	□个人 √小组 √集体 ……

教学资源	1. 实物资源：太极剑48把 2. 数字资源：多媒体课件1份，LED显示屏1块			
作业设计	高抬腿＋抛接剑鞘，发展上肢力量，提高身体协调性、灵敏性；养成自主学习和日常锻炼的习惯			

课时	作业内容	类型	形式
第15课时	1. 查阅"如何把握时机，借力打力" 2. 高抬腿＋抛接剑鞘15次＊3组 3. 箭步蹲交换跳＋抛接剑鞘15次＊3组	□复习型 □预习型 √扩展型 □创造型	√实践 √口头 □书面 □观赏

以"感"触"悟"　以"问"促"思"
——"体育文化:奥林匹克文化及其传承"设计与说明

一、案例背景

课程方案提出了培育学生终身发展和适应社会发展所需要的核心素养,还特别强调了要强化学科实践,并倡导知识学习与学生经验、现实生活、社会实践之间紧密融合的真实情境设计,通过聚焦"用以致学、先用后学、边用边学"等方法,引导学生在经历发现问题、解决问题中主动建构知识与运用知识的过程,增强他们认识真实事件、解决真实问题的能力,并深刻体会学科的思想与方法。

体育课包括实践课和理论课,体育理论课是实践课的重要前提和基础,两者之间具有密切关系。体育理论课不仅有助于为学生奠定坚实的理论基础,增强他们的接受能力与思维能力,也可以帮助学生树立"健康第一"的理念,有助于培养其终身体育的行为意识与习惯,形成积极主动进行科学锻炼的态度。那么,如何引导学生学会运用学科概念,整合理念知识与操控技能,从旁观者转为构建者,从"做中学""用中学"的过程中积累真实有用的体育学科知识与能力?这对一线体育教师的教学能力提出了更高的要求。

二、设计说明

"奥林匹克文化及其传承"是上海教育出版社《高中体育与健康》第十一章"体育文化"中的教学内容。本课程由奥林匹克文化的内涵、内容及传承三个部分组成(见图1)。

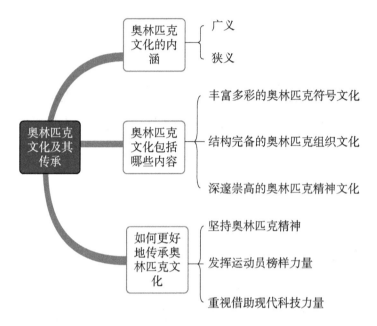

图1　"奥林匹克文化及其传承"教学内容思维导图

奥林匹克运动以体育运动为载体,是当代世界体育文化的最重要、最突出的表现形式。它是一个包罗多元的大集成,它是民族的也是全球的,是传统的也是开放的,是个人的也是团队,是身体的也是精神的……现代奥林匹克运动从世界各个民族的文化中不断汲取养分和力量,从而获得持续发展的动力与活力。

1. 学习目标

(1)知晓奥林匹克文化的内涵,明确奥林匹克文化包含的内容,了解传承奥林匹克文化的路径,深刻领会奥林匹克精神,并将所学知识与实践相结合。

(2)结合所学的奥林匹克精神改变学习行为,提升体育健身效果,尝试在锻炼中付诸实践,形成正确的价值取向,并将学习的兴趣转换成终身锻炼的志趣。

(3)在相互交流学习和共同践行中传承和弘扬奥林匹克精神,并推动奥林匹克精神发扬光大。

2. 教学重点与难点

（1）教学重点:奥林匹克文化内容。

（2）教学难点:传承奥林匹克文化。

三、活动过程

设计以完成任务、达成目标为核心,以学生主动建构为基本特征的实践活动,从而为学生提供更为丰富的学习经历,让学生在学习奥林匹克文化的内涵、内容及传承的过程中内化知识、形成技能、升华经验,提升核心素养,增强社会责任感。

(一) 奥林匹克文化包括哪些内容

1. 丰富多彩的奥林匹克符号文化

任务 1:画一画奥林匹克标志,并说一说它的含义。

奥林匹克运动是一种"人生哲学",它将体育运动与文化和教育融为一体,因此,也是一种重要的教育方式。奥林匹克运动在其传播与发展的过程中,产生了丰富的文化含义,形成了体现奥林匹克价值取向和文化内涵的符号(如会旗、会歌、奖牌、吉祥物等)。

活动流程	设计说明
	在 30 秒内完成"画 2010 版五环"的小任务,并思考"奥运五环的象征意义是什么?" (一)丰富多彩的奥林匹克符号文化

任务 2:解读北京奥运会会徽。

除了奥运五环外,最有权威性的形象标志还有奥运会会徽,每届奥运会都有不同的会徽(除有五环标志外,还需加上反映东道国特点或民族风俗的图案,以及举办时间和地点)。奥运会会徽是具有历史纪念意义的艺术性标识。

活动流程	设计说明
(一)丰富多彩的奥林匹克符号文化 	思考: 这是哪一届奥运会的会徽?并阐述它的含义

2. 结构完备的奥林匹克组织和文化

任务:自学奥林匹克组织体系及其职责,并完成知识竞赛。

奥林匹克运动能蓬勃发展的原因主要是其拥有一套结构完备、功能齐全的组织体系。

(二)如何更好地传承奥林匹克文化

现代奥林匹克运动已经走过了一个多世纪的历程,但在不断变化和发展的过程中,面临一系列新形势和新挑战,那么该如何传承奥林匹克文化呢?

发挥运动员榜样力量

任务:分享优秀运动员的事迹。

榜样是一面旗帜,是一座灯塔,是一面镜子,是一个指南针,更是一种力量,为我们提供深刻的启发,助力成长和进步。优秀运动员之所以让人赞叹和佩服,不是他们异于常人的天赋,而是他们异于常人的坚持,每一块金牌承载着鲜为人知的艰辛,也为我们的学习和生活带来了莫大的鼓舞。

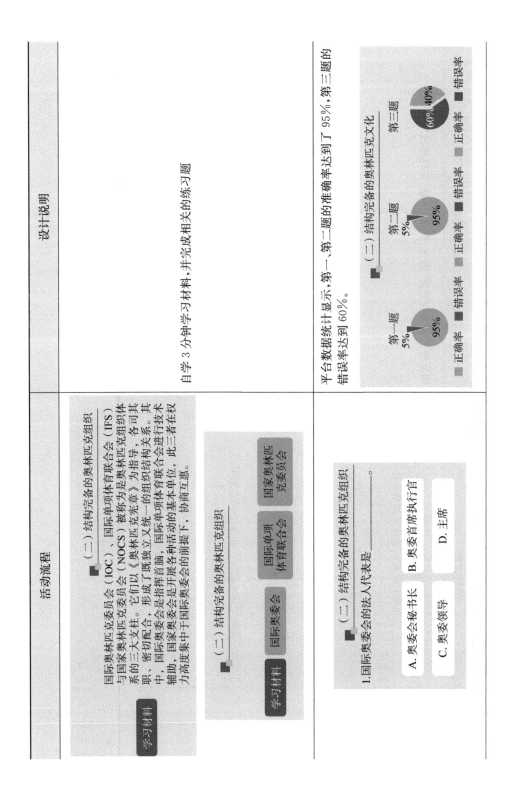

活动流程	设计说明
学习材料 ■ （二）结构完备的奥林匹克组织 国际奥林匹克委员会（IOC）、国家奥林匹克委员会（NOCS）被称为是奥林匹克组织体系的三大支柱。它们以《奥林匹克宪章》为指导，各司其职、密切配合，形成了既独立又统一的组织结构关系。其中，国际奥委会是指挥首脑，国际单项体育联合会（IFS）与国家奥林匹克组织进行技术辅助，国家奥委会是开展各种活动的基本单位，此三者在权力高度集中于国际奥委会的前提下，协商互惠。 **学习材料** ■ （二）结构完备的奥林匹克组织 国际奥委会　国际单项体育联合会　国家奥林匹克委员会 **学习材料** ■ （二）结构完备的奥林匹克文化 1. 国际奥委会的法人代表是 _____ A. 奥委会秘书长　B. 奥委首席执行官 C. 奥委领导　D. 主席	自学 3 分钟学习材料，并完成相关的练习题 平台数据统计显示，第一、第二题的准确率达到了 95%，第三题的错误率达到 60%。 ■ （二）结构完备的奥林匹克文化 第一题 95% 5%　第二题 95% 5%　第三题 60% 40% 正确率 错误率

（续表）

活动流程	设计说明
（二）结构完备的奥林匹克 2. _____ 是奥林匹克运动开展的基本功能单位。 　A. 国际奥委会 　B. 国际单项体育联合会 　C. 各国家或地区的奥委会 3. 下列国际单项体育联合会会管理几个运动项目的是 _____？ 　A. 国际游泳联合会　　B. 国际足联 　C. 国际篮联　　　　　D. 国际拳联	国际游泳联合会会管理"游泳、跳水、水球、花样游泳"4个项目

活动流程	设计说明
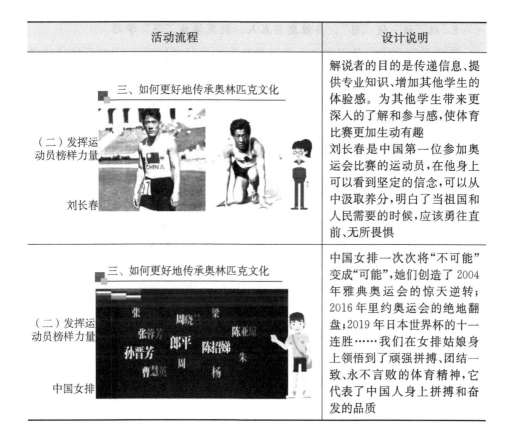 三、如何更好地传承奥林匹克文化 (二)发挥运动员榜样力量 刘长春	解说者的目的是传递信息、提供专业知识、增加其他学生的体验感。为其他学生带来更深入的了解和参与感,使体育比赛更加生动有趣 刘长春是中国第一位参加奥运会比赛的运动员,在他身上可以看到坚定的信念,可以从中汲取养分,明白了当祖国和人民需要的时候,应该勇往直前、无所畏惧
三、如何更好地传承奥林匹克文化 (二)发挥运动员榜样力量 中国女排	中国女排一次次将"不可能"变成"可能",她们创造了 2004 年雅典奥运会的惊天逆转;2016 年里约奥运会的绝地翻盘;2019 年日本世界杯的十一连胜……我们在女排姑娘身上领悟到了顽强拼搏、团结一致,永不言败的体育精神,它代表了中国人身上拼搏和奋发的品质

四、活动效果

1. 以"感"触"悟",多感官相交互,促进学生"真"学习

学生不是被动的接受者,而是信息加工的主体和学习的主动建构者。这就意味着教师是学生学习知识建构的协助者、推动者,而不是知识的教授者与灌注者。因此,教师要为学生主动建构知识提供足够的时空去体验,让学生"经历"学习的全过程,而不是"观摩"学习的全过程。课堂中充分运用多媒体技术,将图片、文字和音乐相结合,营造一种身临其境参与奥运会的氛围,调动学生的眼、耳、口等多种感官参与学习,引导学生深入奥林匹克运动,感悟奥林匹克运动精神。在有超强影响力的学习进程中,学生就会全神贯注、聚精会神地投入自己的学习中去,随之而来便产生高度的自信和活力,由此让高质量的学科实践在整个学习过程中真正发生,从而产生高质量的成果。

2. 以"问"促"思"，多维度自卷入，促发学生"深"学习

高效的问题能有效促进学生的思考和深度学习，促进他们保持可持续性学习，所以它具有"四两拨千斤"的神奇效果。因此，在课堂中要抓住学生学习奥林匹克文化的"兴趣点、疑点"和传承奥林匹克文化的"断点、盲点"，通过联系学生的生活实际和经验背景，帮助学生实现更复杂水平的理解，使学生把自己所学的奥林匹克文化知识与现实生活相结合，让学生的思维由狭隘到开阔，由浅显到深入，进而提升自我思维品质，推动学生的发展和学生深层学习的发生。

总之，以学生为主（问题源于生、设计基于生、成果来于生、评价在于生等）的各类活动，可以拓展强化学生对于学科知识与技能的认知，形成对知识更深刻、更全面、更丰厚的理解，从而实现经验、方法和新认知的连续和关联，达成素养在体育课堂的真正落地。

悦"动"情境　激"趣"体能
——"体能:动物流"设计与说明

一、案例背景

拥有强健的体魄和出色的体能成为青少年在这个充满挑战和机遇的时代中不可或缺的成长基石。随着《义务教育体育与健康课程标准(2022 年版)》出台,体能模块纳入必修内容,其主要目的为发展学生心肺耐力、肌肉力量、柔韧性等身体素质,为学生增强体质健康和学练专项运动技能奠定良好基础,它贯穿水平二到水平四,成为体育教师教学的难点与重点内容。但在体育教学中,体能练习的简单重复与内容单一,往往会使学生感到枯燥乏味,从而降低学习兴趣。如何在考虑学生安全的前提下,在有限的课堂时间内,有针对性地科学设计体能,真正达到体能学练的水平与要求,有效落实趣味化体能练习,是每一位体育教师亟待研究和解决的问题。基于此,高效、便捷,又有丰富动作的"体能:动物流"运动体系,走进了课堂,能改善学生的身体素质、加强学生的兴趣爱好,提高教学效果和练习效率。

"体能:动物流"充满趣味性而又富有挑战性。它通过模仿动物,调动全身肌肉不断变换方向、节奏和平面,克服人体自身体重,它没有场地的限制,也没有器械的要求,旨在增加灵活性、改善柔韧性,提升稳定性、运动控制能力及协调性,提高力量、爆发力和耐力,增强神经肌肉沟通,也可以作为有氧训练提高心肺功能。

二、设计说明

"体能:动物流"是选自新课标的课程内容,并结合上海特点,以掌握、运用、

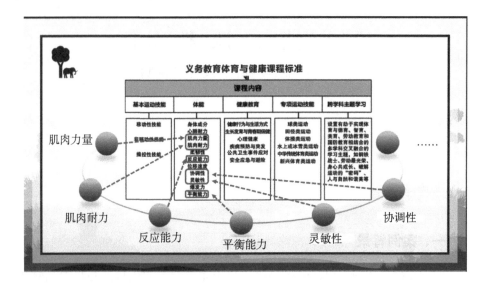

发展各种体能的原理和方法为目标而设计的(见图1)。本课程遵循学生身心特点和教育教学基本规律,包含从单一动作到组合动作的练习,从个人、友伴到团队结合的练习方式,从基础练习到拓展练习的形式,旨在充分激发学生的学习积极性和自主性,活跃教学气氛,凸显学生主体,促进学生全面发展。

(一)学习目标

(1)理解"兽式伸展前踢、虎式"等动作的要领及锻炼价值,掌握"兽式伸展前踢、虎式"等动作发展灵活性、改善柔韧性、增加稳定性的多种练习方法及锻炼次数、组数和间歇等相关要点,提升机体各器官系统的机能,促使身体均衡发展,能够寻找合理的锻炼方法与手段进行自我锻炼,保证安全健身,培养自身的锻炼意识,形成终身体育锻炼的习惯。

(2)能够表达在"动物流"练习中的体验,发展良好的心理素质和自我调节的能力,提高主动参与力量练习的意识,强化正确的合作和竞争观念。

(3)在"动物流"练习中保持稳定、积极、向上的情绪,明确目标,展现自信,树立勇于超越的体育精神。

(二)教学重点与难点

教学重点:编排序列。

教学难点:选择合适组数、次数及组间休息时间。

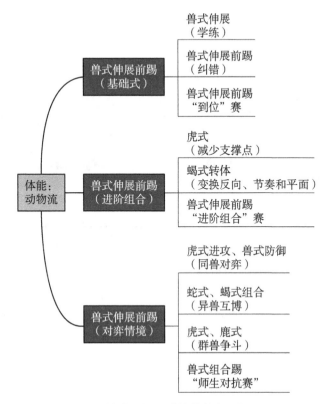

图1　"体能:动物流"教学内容思维导图

三、活动过程

"动物流"以自重训练为基础,使用闭链运动来完成目标,强调多平面功能性动作,每一个动作有其特定的功能,可以通过降阶和进阶的方法融入各种健身计划和抗阻训练模式中。

(一) 兽式伸展前踢(基础式)

任务 1:兽式伸展(学练)。

兽式伸展是长期伏案久坐学生群体的最佳体式之一,它能延展和灵活脊柱,缓解腰背部的疼痛,提高肩关节的柔韧性。

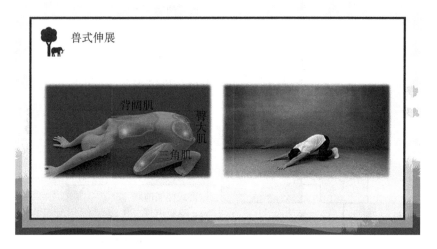

任务 2：兽式伸展前踢（纠错）。

针对兽式伸展前踢"后坐不充分、前伸不积极"的易犯错误，借助感应灯"提示声""感应熄灭"的功能，引导学生体会"充分后坐，积极前伸"的动作要领，促进练习成效。

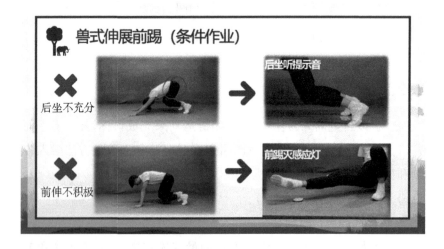

任务 3：兽式伸展前踢"到位"赛。

比赛规则：使用兽式伸展前踢组合动作触发感应灯进行比赛，前后感应灯均闪烁，计为一次，未闪烁则不计数，需再次触发。共完成 8 次，以完成时间的长短决出名次。

(二) 兽式伸展前踢(进阶组合)

任务 1：虎式(减少支撑点)。

虎式是由兽式伸展的四点支撑向三点支撑进阶的动作,它能提高手腕柔韧性及下肢肌肉力量,同时发展平衡能力。

任务 2：蝎式转体(变换方向、节奏和平面)。

交接转换是动态的运动,该动作是在额状面与矢状面动作的基础上进阶的水平面旋转动作,不仅提高了对于肢体的控制力,同时还能培养对于肢体的空间位置感。

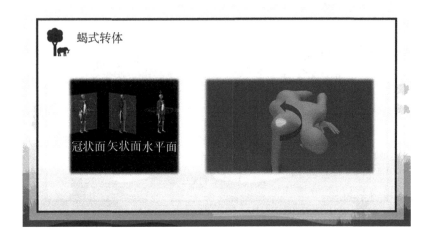

任务3：兽式伸展前踢"进阶组合"赛。

比赛规则：使用兽式伸展前踢组合动作触发感应灯进行比赛，前后感应灯均闪烁，计为一次，未闪烁则不计数，需再次触发。最终以累计完成的次数决出名次。

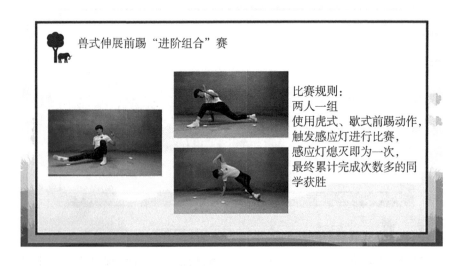

（三）兽式伸展前踢（对弈情境）

任务1：虎式进攻、兽式防御（同兽对弈）。

创设同兽对弈的真实情境，激发内在的情绪性动机，调动练习欲望。

虎式进攻、兽式防御（同兽对弈）

任务2：蛇式、蝎式组合（异兽互搏）。

蛇蝎是异兽互搏的一种情境，能有效提升学练兴趣和积极性，提高体能锻炼实效。

蛇式、蝎式组合（异兽互搏）

任务3：虎式、鹿式（群兽争斗）。

创设群兽争斗的情境，引导学生在"动物流"认知的基础上，结合自然界中的食物链，促使"动物流"中的"虎"与五禽戏中的"鹿"进行互搏，从而拓宽学生的发散思维。

任务4：兽式组合踢"师生对抗赛"。

比赛规则：利用兽式伸展前踢组合动作踢灭随机亮起的感应灯来进行师生

虎式、鹿式（群兽争斗）

对抗赛。限时 20 秒，通过反应时间的快慢及完成次数的多少决出胜负。

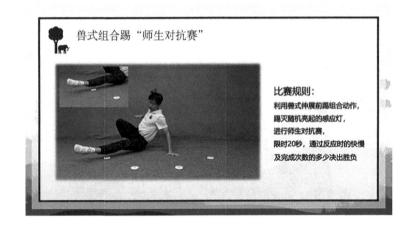

兽式组合踢"师生对抗赛"

比赛规则：
利用兽式伸展前踢组合动作，
踢灭随机亮起的感应灯，
进行师生对抗赛，
限时20秒，通过反应时的快慢
及完成次数的多少决出胜负

四、活动效果

1. 趣味体能，乐享魅力体育课堂

为消除学生对体能学练的畏难情绪，教师将娱乐、体育、竞技等元素融入其中，积极开展"多面化、趣味化"的体能学练，有效激发了学生的学练激情和热情，燃烧起学生心中的"小宇宙"。在设计上，遵循"因材施教"的基本原则，针对学生的身心特点合理安排练习内容、运动量，突出练习的趣味性，并突出动作细节和重点，以保证学生模仿体能练习动作的完整性，更能让学生自发地进行练

习,达到快乐学练的效果,在提高学生身体素质的同时,让锻炼成为学生的一种习惯,成为其今后生活的一部分。

2. 精准教学,打造智慧体育课堂

传统体育课上体育老师的"口哨＋秒表"的"标配"已逐步被智能设备取代。本课程以感应设备(感应灯)为载体,通过个人、双人、多人和集体练习、游戏与竞赛的方法,激发学生的锻炼积极性。利用视频和动画的形式实现动作示范、慢动作演示和反复回放,帮助不同水平的学生自定步调,反复学习和训练,以减少教师的授课负担,而能将更多的精力用于多角度、多维度的学生个别化辅导上。此外,本课程还以智能算法为核心,在翔实记录与分析汇总后,输出学生准确的成长轨迹,提供运动负荷监测,以课堂数据为驱动,科学衡量学练效果,助力体育教师科学合理地设计体育活动,培育学生的自主锻炼能力,有效提升了学校体育教学的质量和效率。

体能教学有助于改善学生的身体素质,有助于培养学生的健康行为,并且有助于发展核心素养。所以,体能教学要立足新课标,关注它的综合性和全面性,将其作为育人载体,贯彻核心素养的培育,关注学生的认知差异,并与学业质量标准、动作技能的学习相结合,探究不同体能课程的运动强度与密度把控,同时强化体能锻炼细节,做好学生心理辅导,从而推动学校体育高质量发展。

"跨界"不离根本 "融合"全面育人
——跨学科主题学习视域下"跑的学练与运用"设计与说明

一、案例背景

2014 年 3 月,《教育部关于全面深化课程改革 落实立德树人根本任务的意见》中指出,要充分发挥学科间综合育人功能,开展跨学科主题教育教学活动,将相关学科的教育内容有机整合,提高学生综合分析问题、解决问题的能力。《义务教育课程方案(2022 年版)》指出,各学科均须设置跨学科主题学习,打破学科壁垒,通过学科资源融合,提升综合育人的目标。在学科类课程标准中"设立跨学科主题学习活动,加强学科间相互关联,带动课程综合化实施,强化实践性要求",注重培养学生在真实情境中综合运用知识解决问题的能力。目前,跨学科主题学习成为我国基础教育领域课程改革与教学变革的重要趋势之一。《义务教育体育与健康课程标准(2022 年版)》也首次提出"跨学科主题学习",成为亮点和特色之一,要求教材内容设计应体现与不同学科知识的关联及整合,提高学生综合运用多学科知识与技能解决实际问题的能力。教师应设置有助于实现体育与德育、智育、美育、劳动教育和国防教育相结合的多学科交叉融合的教学内容,通过学科融合,促进学生核心素养的培育。

在课堂上较多体育教师强调讲解和操练知识点,这不仅影响了学生难以综合运用学科知识分析和解决实际问题,还阻碍了学生创新意识的增强和创新思维的培养,形成了"基础扎实、创造性问题解决能力不足"的"短板"。而指向问题解决的跨学科主题学习关注"学科与学科、学习与生活、学习与社会"之间的关联,让学生调动已有的知识和能力,开展基于真实问题解决的学习,深化学生对学科知识的理解,以培养学生的核心素养。

故本文基于学生的基础、体验和兴趣,围绕真实问题,运用并整合"数学、音乐、信息科技"等多学科相关知识和方法,开展"跑的学练与运用"的跨学科主题学习。不再局限于体育学科的知识体系,而是把学生放在真实的生活世界里,还原复杂的真实情境,为学生营造交流沟通、问题解决、知识构建、合作互助的学习环境,培养学生批判与创造、责任与担当、合作与竞争等应对未来生活的跨学科素养,帮助学生在聚焦问题解决的创新实践中探寻知识的价值和意义。

二、设计说明

"跑"是新课标课程内容中专项运动技能田径类运动项目,本单元由"快速跑、耐力跑及障碍跑"三个子单元组成(见图1)。"跑的学练与运用"是以现实生活中的情境为起点,以解决"起跑器安装角度、安全疏散"等具有实际意义的问题为学习归宿,引导学生探讨"速度、测量、节奏"等知识的迁移、综合、运用与交叉。在实施跨学科主题学习中,主要突显跨学科主题学习以教学情境为载体。从情境设置来看,将知识学习置于真实情境之中,引导学生深度学习,实现知识迁移,培养解决问题的能力。情境设置可以按照"生活—问题—活动"的情境类型顺序进行设计,引导学生从生活情境出发,提出问题情境,在活动情境中思考、讨论并获取知识、解决问题,最终实现知识迁移。

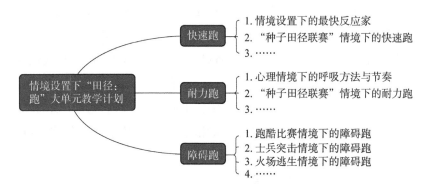

图1 情境设置下"田径:跑"大单元教学计划思维导图

学习目标

第一,知道中国田径运动的发展与常用术语;进一步了解快速跑、耐力跑与障碍跑运动的价值和裁判规则,能够承担组内、组间比赛的执裁任务;在运动中能更好地理解跑单元的技术内涵、价值意义,明确快速跑、耐力跑与障碍跑的动作要领及相关知识。在体能练习中,积极完成一般身体素质和专项身体素质练习的内容与任务,发展速度、力量、有氧耐力等素质,提高动作速度、位移速度、快速反应能力。

第二,在练习、比赛中,专注教师的讲解和示范,仔细倾听同伴的发言;并能在动作技能上相互观察与帮助,指正与鼓励同伴;形成运动卫生、热身、放松习惯;增强情绪调控能力,能在实战比赛中积极调整心态,从容应对场上的突发情况,表现出胜不骄、败不馁,突破自我的行为;主动按量、按质、按序完成课内外的练习内容和任务,并能根据场地器材、人数的实际情况选择适宜的运动负荷,提高安全锻炼的意识与能力。

第三,通过各种形式的小组学练,培养合作意识和集体意识;提升发现问题、分析问题、解决问题的能力,能够对所学知识进行迁移重组;培养克服困难的勇气,增强规则意识,体验田径运动的魅力。

三、活动过程

设计以完成任务、达成目标为核心和以学生主动建构为基本特征的实践活动,从而提供更为丰富的学习经历,让学生在整个奥林匹克文化的学习过程中,内化知识、形成技能、升华经验,提升核心素养。

(一)快速跑

速度是运动员的基本身体素质之一,是各个运动项目最重要的运动能力之一,在体能训练中占有很重要的地位。速度包括三方面的内容:第一,快速通过某一距离的能力(位移速度);第二,对各种刺激做出反应的能力(反应速度);第三,快速完成需要动作的能力(动作速度)。三者之间既有联系,又有区别。

为解决学生在"起跑、加速跑、途中跑、冲刺跑"四个阶段跑不快的问题,通过抓住步频、步幅及角度等关键点,并采用科学测量、数学计算公式、信息技术等方式,帮助学生更好地提升运动能力。

任务:掌握起跑器的安装与测量

起跑是短跑比赛中的关键环节,是使身体迅速摆脱静止状态,获得向前的冲力,它直接影响到运动员的起跑速度和比赛结果。起跑速度快慢由反应速度和动作速度决定,影响动作速度的因素有动作的规范性及起跑器的正确安装与使用。合理地安装起跑器能使学生在起跑的"预备姿势"中感到舒适而放松,并能获得最佳的发力状态和蹬离角度。

流 程	具 体 内 容
活动一：查阅文献资料	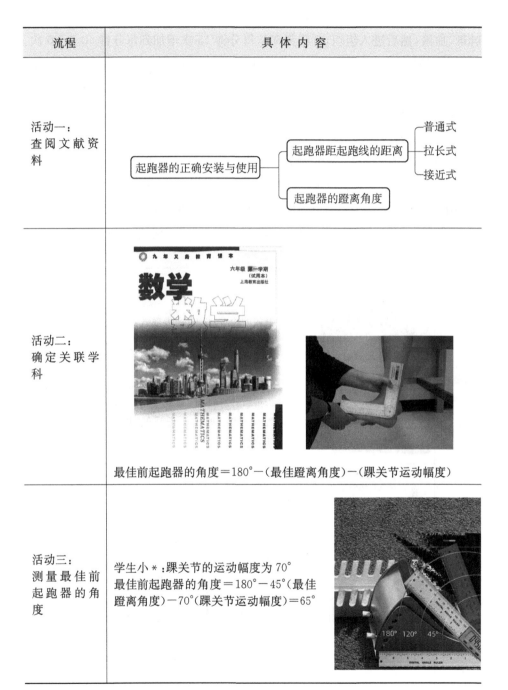
活动二：确定关联学科	
活动三：测量最佳前起跑器的角度	

（二）耐力跑

跑步时为了给身体提供能量，需要以更快的速度呼吸，让更多的氧气进入肺部、血液，然后进入组织，呼吸频率从每分钟 15 次增加到每分钟 40 至 60 次。肌肉需要依靠氧气工作，更好地呼吸可以让更多的氧气流向肌肉，防止紧绷。这意味着控制好呼吸可以降低心率，进而减轻身体的疲劳程度。在跑步时正确地呼吸，可以提高跑步效率。

任务：保持稳定呼吸。

在脚掌下落的同时，呼气对关节造成的压力最大，一般跑者两步一吸、两步一呼，且呼气时总是右脚落地的呼吸模式使身体右侧承担的压力较大且与左侧不均衡（跑者右侧身体容易出现伤痛），因此韵律呼吸应运而生。此种呼吸方式使呼气时的压力平均分配在身体左右侧，且能在跑步中提供充足氧气。

流程	具体内容
活动一：查阅文献资料	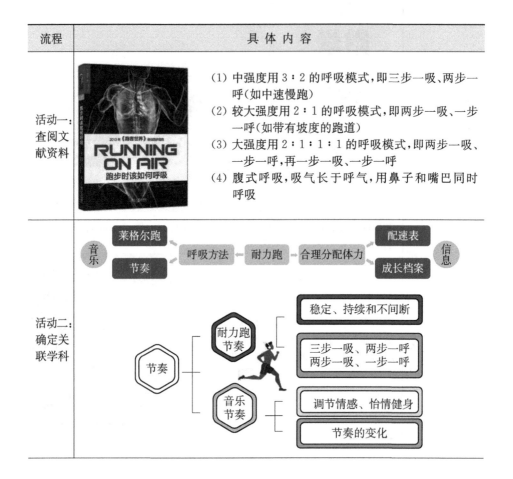 (1) 中强度用 3：2 的呼吸模式，即三步一吸、两步一呼（如中速慢跑） (2) 较大强度用 2：1 的呼吸模式，即两步一吸、一步一呼（如带有坡度的跑道） (3) 大强度用 2：1：1：1 的呼吸模式，即两步一吸、一步一呼，再一步一吸、一步一呼 (4) 腹式呼吸，吸气长于呼气，用鼻子和嘴巴同时呼吸
活动二：确定关联学科	

（续表）

流程	具 体 内 容
活动三：制作耐力跑各阶段数据曲线图	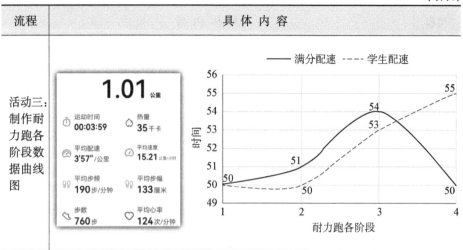

（三）障碍跑

消防工作是一项长期、艰巨的工作，绝非一朝一夕之功，只有每个人在日常工作、生活中提高防范意识，严格落实各项消防工作任务，才能保证个人幸福生活。在"预防为主，生命至上"第 32 个全国消防日的主题背景下，为确保全校师生演练快速、高效、有序进行，特设计了以"演"筑防线，以"练"保平安的障碍跑课堂，旨在从实战角度出发，提高师生在体育馆发生火灾事故时的反应速度，确保在事故发生后，学校能够快速做出反应，立即启动相应的应急预案，迅速有秩序地组织疏散人员，减少人员伤害，让危险远离我们的学习与生活。

任务：有秩序疏散。

进一步加强校园安全工作，增强师生消防安全意识，提高师生自救防范能力，使得在发生火灾险情时，全体人员能够保持沉着冷静，在逃生过程中快速高效、井然有序地迅速撤离到指定的安全地点。

流程	具 体 内 容
活动一：查阅文献资料	1. 保持沉着冷静 发生火灾要保持沉着冷静，若被身边的人冲撞，被迫倒地或被绊倒时，按照相关姿势可以最大限度地防止进一步伤害，提升安全系数 2. 不盲目从众

(续表)

流程	具 体 内 容
活动一：查阅文献资料	火灾发生后，人们可能会一起涌到疏散出口，造成疏散出口堵塞。所以，在选择疏散出口时，应先判断绝大部分人流可能会聚集到哪个出口；然后再根据火情、烟气情况，选择人员较少的出口进行疏散，不要盲目跟随他人一窝蜂拥上去，那样可能会造成被踩伤或人多来不及疏散，导致受伤或死亡 **3. 注意防烟** 大型体育馆空间高度较高，蓄烟量大。靠近顶层的座位很快会被烟气淹没，所以位于这个位置的观众应特别注意防烟。在火灾发生后，应立即采取防烟措施并马上离开座位进行逃生
活动二：确定关联学科	 消防安全教育
活动三：设计逃生路线	

四、活动效果

1. 激发认知与思维的双重进阶

提升认知和思维是信息时代的重要任务之一，它需要从不断学习、多角度思考、自我反思、交流分享、勇于尝试新事物和保持开放心态等方面入手。想让学生能适应信息时代的需要，就要让知识与思维双剑合璧。基于此，遵循学生知识技能习得的逻辑，立足学生现有水平，制定由简到难的任务，为学生问题解决提供支撑；并依托学生的最近发展区，将核心问题分解为子问题，关注学生从进阶起点到终点的历程和难点,采取梯度式进阶设计,帮助学生有层次地解决问题;再通过评价及时调控、优化学习任务,为学生问题解决的进阶提供支撑,生成对学科知识的深层理解,以达到从"纵向知识深挖"走向"横向知识联结",从"掌握学科知识"走向"获取结构化知识",培育和发展跨学科核心素养。

2. 助力融合与发展的多方赋能

跨学科主题学习是一种"活动"的学习、"协作"的学习和"反思"的学习。它以学生核心素养的培育为出发点和落脚点,注重学科知识的整合发展,强调现实问题的跨学科解决,关注学科核心概念及跨学科大概念的运用,旨在培养学生的理想信念、社会责任感、创新精神与实践能力。因此,跨学科主题学习能把本单元所学与所处的学校情境、社会情境和未来职业情境加以联结,提供给学生综合运用不同学科领域的内容和方法解决问题或完成任务的机会。通过亲身体验与具身实践,学生在解决问题的基础上,积极发挥"身体参与"的作用,将解决方案与个体想法付诸实践,实现"身心一体"的活动学习;并在有创造性、建构性、协商性的学习活动实践中转识成智,最终做到在行动与结果、自我与社会之间建立联系。

总之,跨学科主题学习是基于学科,引导学生以整体的视角发现问题,并通过观察、思考、创造、表达等方式,主动跨界,积极应对生活和世界中的复杂问题的一种学习方式,能让学生既具备学科课程的系统知识,又拥有综合应用多学科知识来解决复杂问题的机会。

在思研中"出彩"

　　教育与教学融为一体，强身与铸魂融为一体，只有实现教育元素和教学要素的交融，通过深度学习、持续探究、实践改进和"思"研升华，才能真正走向"习"得和长成，使核心素养的培育从视域到领域、到业域、到全域。

深度学习视域下高中体育与健康单元学习活动设计的优化策略

——以"武术:三十二式太极剑"为例

一、深度学习视域下优化单元学习活动设计的意义

深度学习是推进民族新生力量崛起的重要学习模式,单元教学设计是撬动深度学习课堂转型的杠杆,而建立以学习活动为中心的设计成为单元教学设计范式的新转变。

一方面,传统教学以"知识点"为学习单位、以"课时"为组织单位,导致教学内容碎片化、教学过程程序化、教学方式机械化、教学结果浅表化,以至于出现学习资源拘囿、学习动力薄弱、学习空间逼仄等现象。另一方面,浅层学习牢牢禁锢了学生对知识的自主内化过程及解决实际问题的外化表现,而深度学习视域下的单元学习活动致力于将教材上静态的知识转化为动态的学材,以拉近学生认知结构与教材知识结构、素养结构之间的距离。所以,笔者在"武术:三十二式太极剑"单元活动中摒弃了传统武术课堂中以讲解领做为主的教学形式,改善合作学习流于形式的问题,加入系列问题的主线构建,培养学生的逻辑思维能力;结合教材特点和具体学情创设教学情境,强化学生主体的唤醒,营造沉浸式的体验,提高学生的课堂参与意愿并促进参与行为,让学生在真实的情境下进行实践运用,继而巩固所学知识和提高实际应用能力;重视培养学生搜集和处理信息、获取新知识、分析和解决问题,以及交流与合作等方面的能力。

二、深度学习视域下单元学习活动设计优化的策略

深度学习视域下体育与健康单元学习活动是在单元教学目标的引导下,聚

焦单元内容重点,突破单元学习难点,提升自主健身能力的实践活动。教师从深度学习的视角将核心任务分解成若干个前后递进、彼此关联的学习活动,以降低教学实施的难度,并梳理核心知识以做出适宜的课时安排。

以《普通高中体育与健康课程标准(2017 年版 2020 年修订)》必修选学"运动技能系列"中"武术与民族民间传统体育类"运动的剑术运动中的三十二式太极剑单元教学为例,笔者在深度学习理念的指导下,结合单元学习活动及深度学习的特点,按照活动设计原则,从单元整体规划、制定适切目标、设计系列问题、创设渐进式任务、构建多元评价五个方面,展现深度学习视域下高中体育与健康单元学习活动设计的优化策略。

(一) 单元整体规划,合理分配课时

立足于单元结构的整体教学,可以打破传统课时教学、知识点教学的框架体系和传统单体叠加的学习方式。单元结构的整体教学,更凸显"大视角""大结构",通过学习单元的打散重构、灵活组合,促进知识整合、提升思维层次、助推学生认知结构不断趋于"最新发展区"。"武术:三十二式太极剑"单元是由理论知识、技术运用、相关体能、实践与评价四个部分组成的 18 个课时的大单元(见图 1),其核心任务是在促进动作技能螺旋式上升的同时激发学生的运动兴趣,并使学生进一步理解与掌握武术礼仪、攻防含义,以及正当防卫、科学评价的方法,旨在传承中华武术,落实学科核心素养,达到健身育人的目的。

(二) 制定适切目标,实现活动育人

目标是教学过程的起点和归宿,也是教学评价的依据,其本质功能为教学导向和调控。因此,首先须以课程标准为依据,细研教材,梳理出三十二式太极剑单元的知识序列和能力图谱;其次基于学生的个性特征、学习能力、武术基础等,明确"武术:三十二式太极剑"单元中学科核心素养的培育目标;最后分解和细化具体、适度、可操作的课时学习活动目标,明确目标与内容间的指向关系后,梳理单元学习活动与课时学习活动的内在联系与逻辑关系。比如在第 13、14、15 课时的核心学习活动中进行攻防组合小单元设计时,以"纵横结合"的方法,明确第 13、14、15 课时学习活动目标在本单元的位置和作用,确定所需要承担的任务,选择与目标匹配的活动内容,在促进学生强身健体的同时灵活运用太极剑知识与技能化解危险,从而践行体育与健康学科的育人本质。

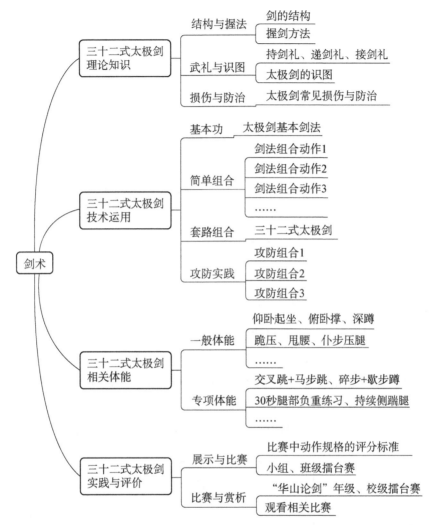

图1 "武术:三十二式太极剑"单元教学内容思维导图

(三) 设计系列问题,串联有效活动

问题是探究之本,思维之源。因此,以问题为导向,将衔接性、关联性大的问题,通过课时递进来实施并予以解决。在"武术:三十二式太极剑"攻防单元中首先以"正当防卫时如何做到合理有效的防守反击"为切入口,引发学生思考;以"正当防卫时要想占据主动,增大胜算,需要掌握的基础知识是什么"推进思维过程,再结合动画等多媒体展示,引导学生认识人体的重要部位和攻防动

作分类这两大问题起点(见图2)。

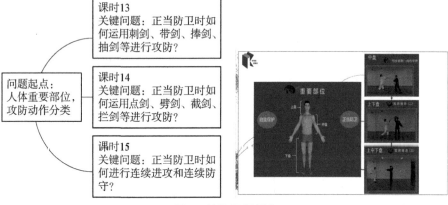

图 2　认识问题起点

　　围绕这些知识点,并结合三十二式太极剑套路动作,在第 13、14、15 课时中链接运用刺剑、点剑、带剑等不同剑法设计有效攻防的关键问题链(见图3),帮助学生厘清不同剑法在"三盘攻防"中运用的问题脉络,并将问题与同类知识结构相链接,引导学生对同类问题进行转化、归纳、判断,从而促进思维的裂变。以问题启动教学,将教材主旨渗透融于问题解决过程中,借助问题的推动,把 3 个课时的核心学习活动,有效地串联起来,从而帮助学生在头脑中建构一个防身自卫的知识群,梳理出克敌制胜的核心结构,促进思维的不断扩展。随着问

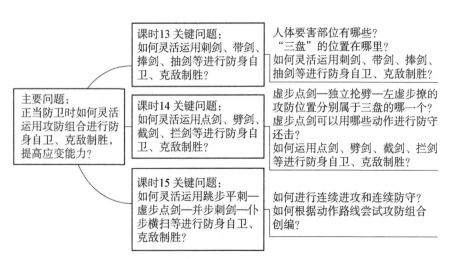

图 3　关键问题链

题的逐渐解决与思维深化，增强学生分析套路动作的能力，并培养其形成仔细观察、认真倾听、乐于交流的学习品质。

（四）创设渐进式任务，践行运用学习

在适切学习目标和系列问题的导向下，学生经过 12 节课的学习理解和实践内化后，能够熟练进行"武术：三十二式太极剑"成套动作的展演。为了帮助学生更清楚地认识到套路动作攻防的实用性，在第 13 课时中，将学习与情境相融合，创设了层级清晰的子任务，以调动学生参与的积极性。

任务 1：隔屏攻防。

（1）借助信息技术，创设游戏任务。将抽象、枯燥的空击练习，通过动画、音效等，使学生融入模拟攻防情境中，引导学生进行"练、用、评"相结合的学练活动。

（2）通过不同角色的切换，不仅能够提高学生的判断与反应能力，起到了寓教于乐的作用，还能渗透武术礼仪，推动武术知识结构和认知结构的主动构建，培养德技并举的武术传承人。

任务 2：多种防守。

学习是一个不断探索、质疑再探索的过程，当运动技能达到一定程度时，会对同样的事物有不同的认识，在不断提高认识的过程中，学习活动也需要有相应的改变。因此，本课时通过问题引导学生用已会的动作进行类比思考，学会举一反三，从而促进学生思维结构的深度发展。

任务 3：防守大师。

重视防守在武术教学中的重要地位，准确巧妙地防守不仅可以削弱对方的攻击力度，同样也可以保护好自己。本课时旨在帮助学生根据对手的进攻时间、路线、方法和部位等做出准确的判断，并快速敏捷地做出反应，从而达到学以致用的目的。因此，本课时通过提示点位置的变化、进攻频率的逐渐加快，引导学生完成渐进式、参与性、具身性、挑战性的子任务，有效提升其能力结构。

课时 14、15 的学习活动旨在调动学生的单元知识储备和本课新授知识，帮助其顺利完成相互关联、层层递进的冲关游戏。比如将前一课时 1.0 版本防守大师的知识，迁移到 2.0 版本"防守反击大师"的学练中，形成新的经验，然后将知识与经验应用到 3.0 版本的攻防创编中（学生根据进攻、防守、攻防兼备动作的视频信息，进行深度挖掘和加工内化，再进行创编），以实现知识的转化与迁移(见图4)。

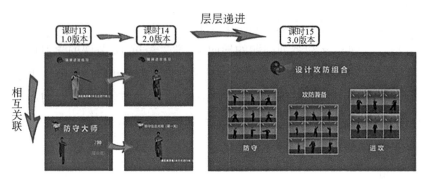

图 4　冲关游戏设计

在"武术:三十二式太极剑"单元学习活动设计的优化过程中,学习目标是学习活动设计的出发点,创设融合不同学习媒介和学习信息的情境任务支线为主要的教学互动过程,并以单元学习活动设计的实施过程与实施结果互为验证。实施过程能促进实施结果的达成,同时阶段性的实施结果又能有效验证实施过程的效能。

(五) 构建多元评价,聚焦核心素养

多元评价是一针催化剂,可以更全面、更有效地评价学生的学习效果,增强学生个体和群体的内化效应。在评价中应结合学科特点及教学内容,注重多种评价方法的有机结合,尤其对学生形成的运动能力、健康行为和体育品德三个方面的具体表现进行评价。比如强调评价内容的全面性,将动口、动手与动脑结合起来,不单单是评价技术成绩,还包括理论知识、学习态度、学习习惯等;强调多元主体的共同参与,不再是仅有单一的师评,还包含自评、互评等;评价方法多样,学生不但能够总结在该单元中学习到的知识与技能,还能发表自己的观点和看法,包括对教师教学的意见、建议和要求等。总之,学习评价不仅关注学习结果,更关注学习的过程;不仅关注学生的学习与运动水平,更关注其在学习运动中所表现出来的情感与态度。

三、反思与展望

核心素养的形成是长期的,离不开连贯、进阶的学习与躬行实践。因此,深

度学习视域下体育与健康单元学习活动设计不仅需要从宏观层面上的学科领域的课程标准出发,指向学科核心素养并促进高阶思维形成的方向,也需要从中观层面上架构可操作性的深度学习活动环节,凸显具有体育与健康学科本质特征的"深度",更需要在微观层面上以递进问题和组合任务,思考如何在学生、老师角色互动中抓住并落实"深度学习"。

　　体育与健康单元中的"深度学习"存在具有其学科特征的主体性、对话性、协同性的学习境域。第一,以主体性学习为"纲",在对知识技能储存、理解、内化的基础上,学习者能够批判性、创造性地与已有认知基础进行有效联系,强调学习者对自我身心认知与自然社会不断靠近的探究过程;第二,以对话性学习为"领",通过认知结构的"桥梁"不断加固、延伸,学习者面对迁移情境时能够突破"花盆效应",从已知世界过渡到未知世界后仍然可以维持个人主观性的健康行为;第三,以协同性学习为"要",强调将个人的情感、判断、主观意识等融合,在面对师生、生生等多角色交互情境时能展现出团结协作等体育精神。

基于"学练赛评"一体化的
体育与健康大单元教学设计与实施

——以"乒乓球:近台快攻"为例

一、问题的提出

2021年4月,教育部发布的《关于进一步加强中小学生体质健康管理工作的通知》指出,中小学校要聚焦"教会、勤练、常赛",逐步完善"健康知识＋基本运动技能＋专项运动技能"学校体育教学模式。同年6月又印发了《〈体育与健康〉教学改革指导纲要(试行)》,要求"通过深化体育教学改革,转变教学观念,全面把握'教会、勤练、常赛'的内涵与要求,使其成为常态化、规范化、系统化的教学组织模式"。《义务教育体育与健康课程标准(2022年版)》课程理念中提出,体育与健康课程依据学生的学习需求和兴趣爱好,面向全体学生,落实"教会、勤练、常赛"要求,注重"学练赛"一体化教学;并在课程实施教学中建议以大单元教学架起连接学科知识与核心素养的桥梁,明确了大单元教学是对某个运动项目或项目组合进行18课时及以上相对系统和完整的教学,其既能使学生掌握所学项目的运动技能,又能加深学生对该项运动完整的体验和理解。随即"学练赛评"和"大单元教学"成为大家关注的焦点、研究与实践的热点。

但长期以来,体育教学普遍存在基础知识和运动技能浅尝辄止,各课时教学相互脱节,战术性教学环节缺乏,比赛参与度低,"学练赛评"各自为战等现象。针对以上现象,本文旨在对"学练赛评"体育与健康大单元教学设计的内涵、路径进行解析,并结合"乒乓球:近台快攻"大单元教学设计的实践案例,呈现注重运动项目技术完整性,促进学生运动能力提升,从而实现由"双基"到"素养"跃变的新尝试,以期为"学练赛评"的体育与健康大单元教学设计的完善添砖加瓦,为一线教师提供参考与借鉴。

二、基于"学练赛评"一体化的体育与健康大单元教学设计的内涵与关系

1. 内涵

基于"学练赛评"一体化的体育与健康大单元教学设计与学科核心素养的内涵是一脉相承的,都指向了人的发展,即超越知识与技能,聚焦关键能力和必备品格。"学"是指在教师的讲解示范或引领下,智慧高效地学习健康知识和基本/专项运动技能。"练"是在教师的组织引导下,采用多种形式乐此不疲地练习基本/专项运动技能,享受乐趣,寓练于乐,形成积极主动、乐练的学习态度,养成终身锻炼的健康行为习惯。"赛"是在课课赛、人人赛等各种比赛中身心愉悦地比赛,它是学练的有效补充和拓展,也是检验学练效果的重要手段。"评"是结合学练赛进行巧妙的评价,促进教学效率的提升,以评促教、以评导学、以评促练。

2. 关系

通过对"学练赛评"内涵的阐述,不难看出四者看似前后排列,但实则"慧学为本、乐练为主、悦赛为用、巧评为促",故它是一个螺旋递增又相互作用,彼此关联且互相融合的整体(见图1)。

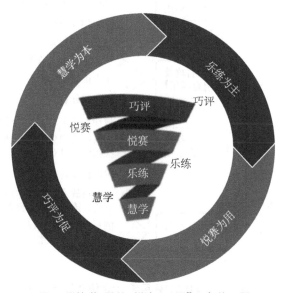

图1 "慧学、乐练、悦赛、巧评"四者关系图

三、基于"学练赛评"一体化的体育与健康大单元教学设计示例

结合新课标的新理念与新要求,提炼八年级学生乒乓球实战能力的关键项,分别对从单一技术到组合技术、从尝试性趣味游戏到对抗性实战比赛等方面进行进阶区分,梳理出纵横关联紧密、难度进阶提升的内容要点,形成以实战比赛任务为主线的"乒乓球:近台快攻"18课时螺旋式排列的大单元教学设计。

1. 学习主题体现兼容性

主题是单元之"魂",在单元里起到兼容作用,使得学习目标和学习内容更加丰富与全面,以达成"提领而顿,百毛皆顺"的效果。例如,以培养运动能力为主线,制定逻辑关系的兼容性学习主题,并按照单元主题—子单元主题—课时主题的逻辑关系逐步细化排列与组合实施(见图2),让学生参与各种比赛情境的学练,激发学生的学习兴趣。

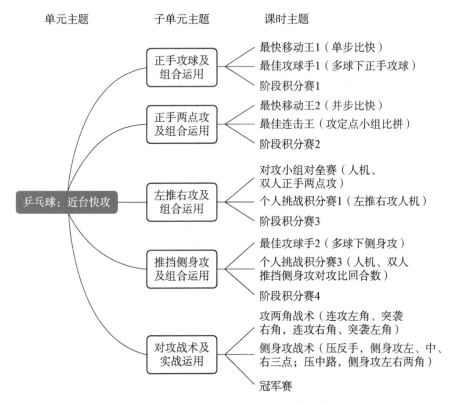

图 2 "学练赛评"一体化的"乒乓球:近台快攻"大单元主题层级图

2. 学习目标凸显统领性

单元目标起着将课程总目标进行分解、使之具体化,但同时又统领各课时、保持其整体性和指向总目标的作用,是学习活动设计和评价设计的重要依据,它在整个课程链条中具有至关重要的地位。比如,将"条件(在什么情境中)、行为与表现(做什么和怎么做)、结果(达到什么要求)"融合在一起,使得学习目标明确、具体、可操作,以及单元内部的各项元素与目标之间协调共生,从而实现运动能力、健康行为、体育品德的同步发展,促进学生体育学科核心素养的全面和综合发展(见图 3)。

运动能力 1
- 知道中国乒乓球运动的发展与常用术语
- 了解乒乓球运动的价值和裁判规则,能够承担组内、组间比赛的执裁任务
- 熟练掌握基本步法、正手攻球的动作方法及动作要领;理解和掌握组合动作技术(正手两点攻、左推右攻,推挡侧身攻)的衔接要点与运用情境;并在2人对抗赛中,完成至少20个回合的对推、对攻
- 基本掌握乒乓球对攻战术,在11分制的比赛中运用对攻战术获得至少6分的分值
- 在体能练习中,积极完成一般身体素质和专项身体素质练习的内容与任务,发展速度、力量、有氧耐力等素质,提高动作速度、位移速度、快速反应能力

健康行为 2
- 在对练、技能赛中,专注教师的讲解和示范,仔细倾听同伴的发言,积极开展自身思维活动
- 能在动作技能上相互观察与帮助,指正与鼓励同伴
- 形成运动卫生、热身、放松习惯
- 增强情绪调控能力,能在实战比赛中积极调整心态,从容应对场上的突发情况,表现出胜不骄、败不馁,突破自我的行为
- 主动按量、按质、按序完成课内外的练习内容和任务,并能根据场地器材、人数的实际情况选择适宜的运动负荷,提高安全锻炼的意识与能力

体育品德 3
- 在单个技术组合练习与小组团队比赛中,不以自我为中心,维护团队,形成正确的团队观念
- 自觉遵守乒乓球自定义比赛规则,增强规则意识,做出维护规则的行为,并能正确看待比赛的胜负

图 3 "学练赛评"一体化的"乒乓球:近台快攻"大单元学习目标

3. 学习内容注重结构化

参照《义务教育体育与健康课程标准(2022 年版)》专项运动技能中球类运动——乒乓球项目所要求的水平四的目标要求,学生须掌握该项目的基本动作技术和组合动作技术,能将其运用在班级比赛中,使得体能水平进一步提高;在

课后积极参与该运动项目,对该运动项目有完整的运动体验;通过运动比赛建立运动自信心,遵守规则,尊重对手,履行自身职责等。为此,笔者设计了八年级"乒乓球:近台快攻"大单元学习的具体内容(见图4)。

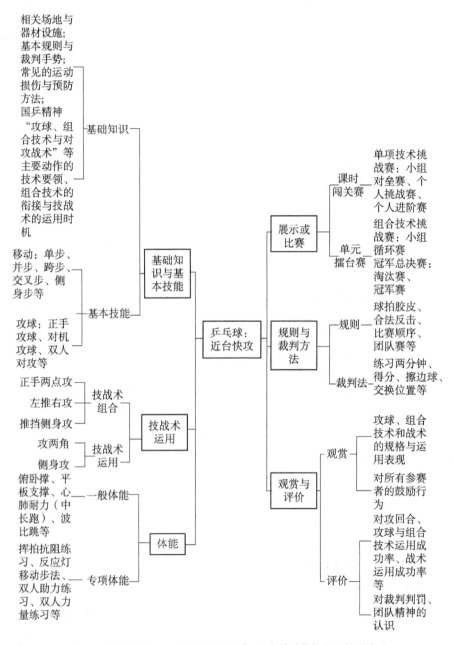

图 4 "学练赛评"一体化的"乒乓球:近台快攻"大单元教学内容

4. 学习任务呈现进阶性

单元学习任务由三个联系紧密的子任务组成,课时分配为 $2+7+9$,三个子任务是让学生亲身经历和体验问题解决的系列科学实践。具有一定挑战性的学习任务与转变学生的原有认识相关,与促进他们对学科的理解相关,与引导学生进行自主、合作学习有关,从而实现知识的内化与应用。

任务 1:以学激趣,掌握技术要点。

以正手攻球为核心的单一技术＋组合技术的学练用,通过无球、单球、多球和人机、双人对角对攻等练习,帮助学生找到准确的击球点,自主控制每拍击球线路及击球上台的位置,并提升反应能力,加强对空间位置的判断力和对球的控制能力。

学习任务	正手攻球			
课时安排	第 1～2 课时			
环节	慧学	乐练	悦赛	巧评
1	思考有效击球时,重心的转移如何做到快速、平稳?	1. "米"字步法练习 2. 看反应灯移动	最快移动王 1(单一步法)	重心平稳、步法灵活。 □好 □一般 □需努力 认真学习,积极交流,情绪稳定,练习时认真刻苦,表现出色。 □好 □一般 □需努力
2	观察以身体之中轴线为一点,执拍手从引拍击球之起点为一点,到挥拍结束处为一点,三点间作连线成正手攻球"三角形"的动作方法	1. 分解正手攻球徒手练习动作 2. 正手攻球固定球练习(挥拍路线、击球点等)	拷贝不走样	熟练地进行攻球,动作标准、连贯,身体各部分协调性好。 □好 □一般 □需努力 表现出自信、积极向上的精神面貌 □好 □一般 □需努力
3	思考如何调整好小臂和手腕力度,保持	1. (多球、单球)正手攻	最佳攻球手(数量上要求)	一分钟正手攻球 26 板以上积 4 分

（续表）

环节	慧学	乐练	悦赛	巧评
3	好腕部、大臂位置，用腰间力量带动手部力量来击球	球（全台—2/3 台—1/2 台） 2. 发球（半台—3/2 台—全台）＋正手攻球	提高稳定性，时间上要求提高速度，线路上要求提高控制力）	一分钟正手攻球 21～25 板积 3 分 一分钟正手攻球 16～20 板积 2 分 一分钟正手攻球 15 板以下积 1 分 坦然接受比赛结果 □好　□一般 □需努力
4	思考如何运用腿腰发力配合，实现重心转移以调节击球方向	人机、双人对角对攻（斜线攻一角、斜线攻另一角）	阶段积分赛	7 分制 遵守规则、尊重对手 □好　□一般 □需努力 能克服困难、坚持到底 □好　□一般 □需努力

任务 2：以练促学，拓展技术组合。

以正手两点攻、左推右攻、推挡侧身攻为主的相关组合技术的学练用，能逐步提高学生步法和手法的协调程度，让学生体会发力击球的感觉，知道面对不同来球时如何利用正手两点攻、左推右攻、推挡侧身攻组合完成近台快攻。

学习任务	组合技术：正手两点攻、左推右攻、推挡侧身攻
课时安排	第 3～9 课时

环节	慧学	乐练	悦赛	巧评
1	思考步法快慢的三个要素？（判断、动作、位移速度）	**复式步法** 1. 死线活练（同一条线路） 2. 无规律线路（变化线路）	最快移动王 2（复式步法）	判断准、移动快 □好　□一般 □需努力 认真学习，积极交流，情绪稳定，练习时认真刻苦，表现出色 □好　□一般 □需努力

（续表）

环节	慧学	乐练	悦赛	巧评
2	精确站位，保持身体移动的平稳性及击球节奏一致，掌控击球节奏，控制挥拍的速度和落点，追求力量和攻球时机的精准度	**正手两点攻** 1. 正手两点攻（人机、双人对攻比回合数） 2. 发球＋正手两点攻 3. 双边直线正手两点攻（人机、双人直线攻一角、直线攻另一角） **左推右攻** 1. 分解左推右攻动作 2. 左推右攻（多球下全台—2/3台—1/2台） 3. 左推右攻对攻（人机、双人逢斜变直、逢直变斜） 4. 对攻小组（人机、双人正手两点攻＋左推右攻＋上台率） **推挡侧身攻** 1. 分解侧身攻动作 2. 侧身攻（多球全台—2/3台—1/2台） 3. 推挡侧身攻（人机、双人对攻比回合数） 4. 组合技术对攻（人机、双人正手两点攻＋左推右攻＋推挡侧身上台率）	最佳连击王（攻定点小组比拼） 个人挑战积分赛（正手两点攻、左推右攻、推挡侧身攻） 个人进阶积分赛 阶段积分赛	动作正确规范、协调利落，挥拍过程连贯，发力集中，还原及时 □好　□一般 □需努力 一次正手两点攻、左推右攻、推挡侧身攻连续20板以上 两次正手两点攻、左推右攻、推挡侧身攻连续20板以上 三次正手两点攻、左推右攻、推挡侧身攻连续20板 四次正手两点攻、左推右攻、推挡侧身攻 情绪平稳，稳定表现，与同伴配合默契 □好　□一般 □需努力 乒乓球礼仪和规则意识强，面对困难积极应对 □好　□一般 □需努力

任务3：以赛代练，立体技术迁移。

随着对乒乓球技术的深入学习，仅通过多样的"玩法"，兴趣难以持久，因此本任务围绕快攻战术与实战设计，让学生在真实或模拟比赛中，运用正手攻球和反手推挡的速度和力量，并结合落点变化和节奏变化来压制和调动对方，以争取主动或得分。最后4课时的单元赛季安排的是冠军赛，目的是让学生体验场上球员、裁判员、记录员（翻分）等不同角色及其职责。

学习任务	快攻战术与实战
课时安排	第 10～18 课时

环节	慧学	乐练	悦赛	巧评
1	思考如何控制正手攻球和反手推挡的速度和力量，并结合线路变化、落点变化和节奏变化来压制和调动对方	通过长、短球，直线、斜线、中路三条线路的平击发球，伺机发球抢攻	循环赛	7 分制 赛前积极热身，赛后充分拉伸 □好　□一般　□需努力 适应外部环境，排除干扰 □好　□一般　□需努力 比赛中熟练运用快攻战术，预判准确，击打路线合理，控球能力强，回球成功率达 75% 以上 □好　□一般　□需努力
2	仔细观察与判断，依据来球方向、球速，遵循小幅度跑动、大幅度击球或是大幅度跑动、小幅度击球的原则，实现重心的协调转换，发挥相持和对抗能力	站在中间并利用正反手平击发球找到对方接发球空档，伺机抢攻	冠军赛	11 分制 面对失败、挫折及犯规等情况，保持情绪稳定 □好　□一般　□需努力 结合比赛情况，灵活运用快攻战术，完成质量高且技术动作规范，体能充沛，掌握比赛节奏 □好　□一般　□需努力

5. 学习评价体现持续性

学习评价既是在学习目标的基础上对学习效果的一种价值判断，也是在学习过程中对学生学习进展与变化的一种反馈，同时，它强调将评价结果应用于改善现状、调整学习目标。比如，将学习评价贯穿于学习的始终，根据学生习得的规律，对其学习成果进行持续性的评价。

四、结语

基于"学练赛评"一体化的体育与健康大单元教学设计应起到承上启下的

作用，上能承接新课标，下能联结课时计划。结合内涵、关系与特征，大单元教学设计应聚焦"以素养为导向、以情境为基础、以全员为布局、以嵌入为抓手"四条路径，以此来促进学生主动的、深层次的学习实践。

1. 以素养为导向，促进"慧学"

设计"学练赛评"一体化的体育与健康大单元时，需要注重引导学生在经历认知冲突后，提升认知水平，从"知识导向"转向"问题解决"，从而使学习得以维持，获得一种长期的、全身心投入的持久学习力，形成一种持续探索的冲动，并将其不断深化，实现高品质学习。

2. 以情境为基础，实现"乐练"

创设与内容相关的真实情境，让学生在身临其境中产生强烈的情感共鸣，增强情感体验，从而让学生的学习积极性更高、参与性更广、互动性更强，实现由境到情，触"境"生"情"，变"要我练习"为"我要练习、我爱练习"。

3. 以全员为布局，达成"悦赛"

要让所有学生体验比赛，理解"更高、更快、更远、更团结"的奥林匹克精神，感受体育魅力。通过设计以"学会动作"为目标，以"项目特征"为依据，以"全面锻炼"为目的的比赛，并系统化开展个人赛、小组赛，课外的班班赛、校际赛等，来构建完善的赛事体系，细化教学比赛细则，创新比赛方式，从而形成以"赛"促"学"、以"赛"验"练"的一体化模式。

4. 以嵌入为抓手，强化"巧评"

课堂既是学习的过程，也是练习、比赛与评价的过程，更是锻炼逻辑思维的过程。通过评价实现以评助学、以评导练，从而帮助学生改进动作技术，升华体育品德。

总之，实施基于"学练赛评"一体化的体育与健康大单元教学可以将目标、教学、评价进行有效整合，故在设计与实施时要考虑学生的身心特点，深刻剖析技能的形成规律，进行由单一到组合的螺旋式上升的整体设计，从关注体育知识与技能的传授，转向注重核心素养的培养，从而形成育人合力，实现育体、育智、育心的目标。

"围绕学习情境的线上教学设计与实践"的市区校协同研修

一、背景分析

教育部等 13 部门公布的《关于支持新业态新模式健康发展 激活消费市场带动扩大就业的意见》明确提出要"构建线上线下教育常态化融合发展机制,形成良性互动格局"。随着信息技术的发展,学生对体育学习的认知、参与和获得,以及家长对孩子学习状态、学习成效和愿望等都在悄然发生变化,如何通过技术赋能体育教学,变革体育教学模式,使其富有时代的活力,是一线教师面临的新课题。

(一) 培育素养,探寻路径

在学校的课程教学中,"核心素养"既包含知识技能,也囊括兴趣、动机、态度,更注重运用知识在真实情境中解决问题的能力。在体育学科的教学中,学生的主动参与是落实其核心素养培育的关键。只有从学习者视角进行"学习情境"的设计与实施,才能帮助学生凝聚共同的爱玩兴趣、爱动乐趣、爱学志趣;只有从教学引导出发归纳出显性化且具有可操作性的路径,才能解决一线教学中缺少体系与实践困难的问题。

(二) 指导建议,联动多元

为了与上海市教师教育学院(上海市教育委员会教学研究室)体育学科的线上教学指导意见更好地形成关联,进一步推动线上教学的研究与实践,闵行区中学体育教研团队在深入内化指导意见后,结合本区教学实际进行微调,最终决定以"学习情境"为线上体育教学的切口,开展系列主题的教研活动,以推动学科教学的内涵式发展,培养学生的核心素养,促进学生的全面发展,提升育人水平。

(三) 聚焦线上,凝智克难

线上体育教学出现了目标指向略显窄化、教学内容相对浅显、教学过程较为枯燥、学习效果评价基本缺位等现状,针对这些问题,基于线上教学"小空间、知体理、学技能、会检测"的特点和高中体育专项化教学的要求,根据学生已有的认知、技能水平及体能状况,通过融合当前学生的兴趣点,重构空中课堂教学资源和优质网络资源,以设计科学安全、简便易行、负荷适宜、趣味性高的教学内容来吸引学生主动参与线上运动。

二、主题活动的预期目标

(1) 凸显"导引、吸引"的教师举止,呈现"学、练、赛、评"一体化设计与线上教学实践研究,揭示立足课程、回应素养、适切情境、有效互动和资源跟进是实现学生好好锻炼的重要路径和方法。

(2) 体现"骨干、项目"的关键研究,根据市→区→校→师→生的试用,微调"指导建议",通过具体的教学实践与反思改进,从下而上地提炼适合本校、区线上教学的教学示例,验证并调整围绕"学习情境"的单元教学设计。

(3) 借助市级线上教研平台,将研究成果自然地带入线上教学单元设计,呈现蕴含趣味、理论、技能的初高中真实课堂,并凝练教研思绪,分享过程方法,汇集各区观感,辐射迁移试用,深化"双新"推进。

三、主题活动的整体规划

(一) 强化教师举止的"导引、吸引"

1. 加强理论学习,立足课程

为了更好地凸显活动主题,闵行区中学体育教研团队通过组织教师针对问题和围绕主题,重新学习了《普通高中体育与健康课程标准(2017 年版 2020 年修订)》《上海市高中体育与健康学科教学基本要求》《上海市高中体育与健康学科线上教学指导建议》等文件。在保证线上体育教学的课程属性的基础上,以多元化的体验过程丰富学生经历,使教学设计围绕"学、练、赛、评"学习情境的创设,在吸引学生的前提下进行课堂实践。

2. 关注学生发展，回应素养

线上体育教学的发展依托体育课程的发展，学生素养的提升是其追求的重要目标，在课程标准中已提出注重比赛情境的创设，促进学生在面临真实的比赛情境时能运用结构化知识和技能解决实际问题，因此，在线上教学中应设计简便易行、具有实效的体能活动和趣味性高、适宜居家开展的运动技能，以提高学生的运动技能并促进体能发展。在教学中需将体育活动与心理教育紧密结合，注重对学生心灵的培养，帮助学生健康成长。此外，应依托核心素养设计的"目标引领"，围绕教学重难点的"问题导向"，借助递进式的"任务推进"，以及逻辑思考的"深度促进"，加强学生语言、思维、情感、态度、行为等多维度的互动，深化学生对运动的理解及对同伴的认同，逐渐形成善合作、爱交流、乐分享等体育品德，满足学生情感交流的需求，激发学生参与课堂学习的专注度和兴趣。

3. 依托课标要求，创设情境

"乐学、勤练、常赛、巧评"的学习情境是一个开放的螺旋式上升的过程，是形成运动能力不可或缺的方式，也是养成锻炼习惯的前提，更是健全人格的保障。教师通过"学练结合、以赛促练、以评导学"的有机联合，让学生从"乐学"到"勤练"，增强练习密度和运动强度，有效发展体能；再由"常赛"到"巧评"，以巩固学生学练的技能，为学生勇于挑战、展现自我搭建平台，并在诊断、测评中完善与促进后续的学、练、赛。

（二）探索指导意见的区域适用

1. 教研关注技术赋能，实现师能提升

在教学中，教师是教学行为的推进者，也是教研活动中的学习者，线上资源的设计是体现教师信息素养的最重要的能力之一，对丰富线上学习形式、拓展学习时空、提高学习效率等具有独特的价值。为了帮助教师提升视频录制、课件制作、软件平台应用等数字资源设计的能力，我们构建了"示范引领—以点带面—创建情境—持续发展"的师能加速计划（见图1）。

2. 教学指向核心素养，践行多元融合

学习情境是教师基于学生视角预先设计的由不同物质基础和软性环境共同组成的条件集合，教师在线上教学中可以发挥信息科技手段，设计在线下教学中难以遇见的情境现象，通过将学生置于有目的的"未知"中，帮助学生在面对问题时提取多学科知识与方法，拓宽学科思维及视野，建立丰富的体育学科

技术高手 示范引领	· 由体育教师中的信息技术"领头雁"对全区教师进行信息技术的培训，如加大PPT制作思路与技巧的"力度"，拓展剪映素材合成与美化的"深度"，增强腾讯会议平台使用的"频度"等等，以期营造学习氛围的"热度"，来助力线上教学
以强扶弱 以点带面	· 由信息技术保障团队，引领并推动周边学校老师，将教学资源和设计完美嫁接到软件平台中，实现"大手拉小手"，有效地服务于线上教学
走进学生 创建情境	· 在教研中，试行以学习情境进行线上教学的教师不仅仅针对教学设计进行探讨，也会将学生的学习需求、学后反馈整理后进行归类，将大部分学生的集中建议纳入研讨之中，以求教研的针对性与实效性
巡课反馈 持续发展	· 为了"了解、指导、督促"线上教学，反馈、总结各校线上教学存在的问题和经验，由教研员、中心组和骨干教师组成巡课小组，针对教师的教学行为和学生的学习状态等进行检查，并将巡课过程中发现的问题，及时与有关教师交流反馈，帮其分析问题产生的原因，找到解决的方法，从而确保线上教学质量

图 1　师能加速计划

知识体系，从而达到知识与技能、思维与行为的深度融合，培养学生用综合的视角解决问题，发展高阶思维，最终实现素养的综合提升。

3. 情境瞄准"学练赛评"，把握良性互动

新课标要求将学习过程融入发展学生核心素养中，建议进行"学、练、赛、评"一体化的教学，因此在线上体育教学中也以"学、练、赛、评"为情境切片推进学习活动。教师通过在学习情境中引导学生丰富学习经历和提升素养，促进线上教学的高效互动；通过精准的主题、开放的问题、先进的手段等，形成多元主体间多样形式的互动在线教学；强调学生的主动参与和及时反馈，从而提高课堂实效性；以学生良好的学习体验，激发学生学习兴趣，帮助学生在积极思考的过程中，掌握所学知识，提高综合素养。

（三）辐射教研成果的广泛性、普适性

1. 活动凸显深度教研

在课堂实践与经验总结的相互促进中，由市、区教研员和闵行区骨干教师

团队共同策划了一系列具有相关性的教研活动(见图 2),本案例介绍的活动是主题教研系列活动中的关键环节——第六次主题教研活动,即市级高中体育与健康学科主题教研活动。

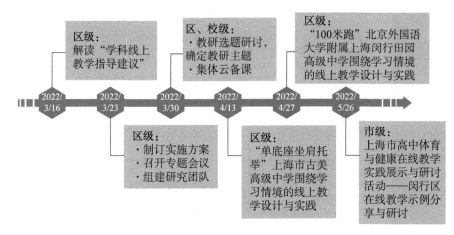

图 2　市、区、校级主题教研系列活动

此次教研活动期望将三个月以来的市、区教研的成果凝聚在课例中,给予一线教师以启发和引领。通过讨论、协调、设计等环节完善主题教研活动的基本流程(见表 1),以电子邀请函的形式提前告知各区高中教研员、骨干教师等。

表 1　第六次主题教研活动基本流程

活动流程	内容主题	设计说明
导语	有感于"带领学生好好锻炼" 体育特级教师与正高级讲师　徐燕平	导语——一语点题　教研之引
示例分享	研而有方　精准服务 ——围绕学习情境的线上教学设计与实践　上海市闵行区教育学院　王叶妹	导引——研而有方　精准服务
	技巧啦啦操动作组合:肩位三人托举 上海市吴淞中学　彭艳	吸引——上下同心　落地开花
	拳击:拳法直拳组合 华东师范大学第二附属中学紫竹校区 李世春	

（续表）

活动流程	内容主题	设计说明
主题研讨	聚智传递　激趣·互动·有效	博引——凝聚力量　汇聚智慧
专家点评	上海体育学院教授、博士生导师　　刘　阳 华东师范大学教授、博士生导师　　董翠香 上海师范大学教授、博士生导师　　沈建华	指引——笃行致远　臻于至善
结语	上海市高中体育与健康教研员　李芳芳	结语——上下共知　上下同行

2. 理论发展依托行动

1）从实践中归纳方法

活动主讲人王叶妹老师分享了"围绕学习情境的线上教学设计与实践",主要围绕"课前构建＋课中创设＋课后深化"的三部曲,提出了"以学情为基,为线上教学而设计;以发展为要,为学练有成而创境;以全人为志,为关注健康而锻炼"的主要做法;并重点介绍了如何结合线上学习特点,通过创设贯穿"学、练、赛、评"的学习情境,弥补线上学习互动不足的现状,构建体现"引、导、推、促"的学习互动,满足学生情感交流的需求,主动尝试"通、启、拓、达"的学科融合,提升运动知识、技能的掌握效率,以达到在学习过程中融入培养学生核心素养的要求。

2）从方法中走向实践

吴泾中学彭艳老师的"技巧啦啦操动作组合:肩位三人托举"课堂教学,围绕"树榜样,育自信,促生生互动;知使命,勇担当,促协作互动;重评价,练技能,促行为互动;提思维,育品德,促情感互动"进行了研课阐述,激发了学生的学习热情,增强了课堂教学的有效互动。

华东师范大学第二附属中学紫竹校区的李世春老师,基于在线教学特点开发与挖掘"A4纸、毛巾"等器材的功能,制作成"安全、简易、趣味、多样"的拳靶,用毛巾串联教学环节,做到了一巾多用;并通过创设"听觉反应打固定靶、视觉反应打移动靶、线上拳王争霸赛"等不同级别逼真的虚拟闯关赛的情境,让学生产生兴趣并学会自主思考,最终促进学生综合素质的全面提升。

3）从"三研"中深化研讨

（1）研琢行动思路,协同共研。

本次主题教研活动提供丰富的共研资源类型,包括区级线上教研经验分享、公开课教学设计、多媒体课件、课堂观察表、自制组装器材配件表等。通过研究资料与课堂实例的展示,分享围绕学习情境的线上教学设计与实践的研究过程(见图 3)。

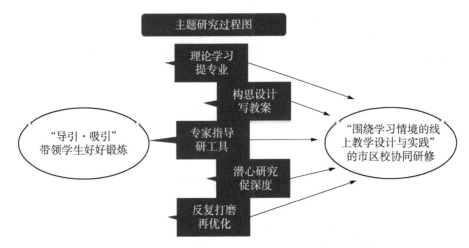

图 3　围绕学习情境的线上教学设计与实践的研究过程

(2) 研发评价工具,量化供需。

教学和教研的反馈与评价是促进学生发展、师能提升、教研机制优化的重要途径。因此在系列活动中基于对学科核心素养、教师素养、教研机制等维度的重点分析,对学生技战术在情境中的运用、科学体能锻炼、自觉锻炼与运用知识、调节情绪与适应环境等评价要求进行细化;对教师学科素养的具备和实践、信息素养的适时介入等评价点进行实化;对教研推进中的主题、目标、任务、内容、环节、分工、表现等评价要旨进行流程化,以期在学生学习的实际收获、教师能力的多元融合、教研机制的全面构建等方面落实课堂观察和教研关注的应用工具(见表 2)。

表 2　第六次主题教研活动评价表

评价内容	评价维度	评价标准	评价等级			
			优秀	良好	合格	须努力
学生发展	运动能力	掌握正确的动作技术				
		正确分析运动情境与条件,并运用知识与技战术参与比赛或展示				
		掌握科学的体能锻炼方法				

（续表）

评价内容	评价维度	评价标准	评价等级			
			优秀	良好	合格	须努力
学生发展	健康行为	自觉锻炼意识和能力				
		掌握与运用健康知识				
		调控情绪、适应环境				
	体育品德	体育精神（自尊自信、勇敢顽强、积极进取、超越自我等）				
		体育道德（遵守规则、诚信自律、公平竞争等）				
		体育品格（相互尊重、团队合作，有责任感、正确的胜负观等）				
师能提升	学科素养	聚焦素养导向，强化实践意识				
		围绕核心概念、关键问题展开				
		建立新旧知识联系，构建结构性、整体性知识体系				
		设计迁移运用、分析判断、综合创造等思维活动				
		铺设分工、合作、交流等路径				
		教学实施与调控				
	信息素养	信息获取能力				
		资源整合能力				
		软件平台应用能力				
		线上教学设计能力				
		线上学习评价能力				
教研完善	主题	活动主题明确				
	目标	活动目标达成				
	任务	任务转化适切，指向关键问题				
	内容	回应主题，聚焦学生发展、师能提升				
	环节	环节流程，形式多样				
	分工	分工合作				
	表现	参与者聚焦主题发表观点				

（3）研判共性反馈，细化要点。

以3位骨干教师作为课堂观察员进行信息收集，综合3人意见对课堂的各个环节进行信息记录，将记录结果与其他观课教师的意见进行对比印证，以确保观察信息的客观真实。

● **课堂观察评价**

结合预先给定的评价指标，观课教师在线进行了评课投票，其中学生发展中健康行为的养成与师能提升中学科素养的促进是教师认可度最高的（见图4、图5）。

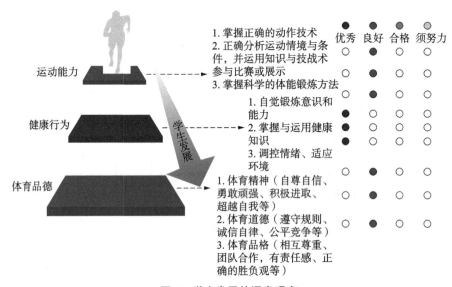

图4 学生发展的课堂观察

图5 师能发展的课堂观察

● **教研活动评价**

除对课堂教学进行评价外,我们还请与会教师对本次教研活动开展评价,教师对本次活动主题中的目标、内容、分工给予了非常高的评价(见图6)。

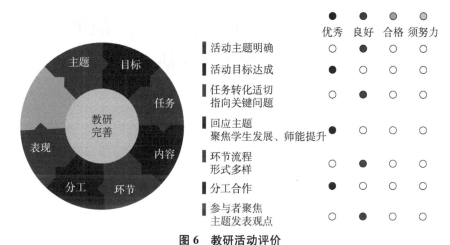

图6 教研活动评价

3. 专家评价教研效度

各位专家从活动主题、区域做法、教学实践等方面肯定了本次活动。教学实践中巧用居家器材、信息技术等手段,帮助学生习得技能,提升体育品德。教研过程中聚焦学科核心素养,利用问题导向、情景设置,突出以学为中心、课内外联动等特点。活动理念上体现了体魄强健与人格培养并重的体育教育观。从教学设计到教学实施,从教学目标、内容到教学方法、评价,无不体现了学、练、赛、评一体化融合的教学理念。坚持单项教学向双向互动转变,有效调动了学生的积极性,营造了良好的学练氛围,促进了学生的自主学练。

四、主题教研活动的反思展望

对于一线教师来说,教研过程夯实了信息化素养,形成了一定的线上教学课程观。教师真切感受了学生需求,理解了学习情境的内涵,践行了对学生锻炼行为的导引和吸引。线上教学为体育学习带来更多的新意和活力,但线上教研不止于服务居家锻炼,更希望通过学习情境的延伸,对学生的课后学习进行探索与突破,促进学生课内外体育学习的联动,促进学生形成更为理性的学习内驱动力,最终实现从关注学生的健康发展,到促进学生关注健康而自觉锻炼。

引入"外力"促进武术教学方法的
多样、增效实践研究

一、研究背景

武术是中华民族传统体育的一个典型代表符号,是中华文化的精神象征和内核。它作为中华优秀传统文化的重要组成部分,承载着厚重的历史文化内涵。2017年,中共中央办公厅、国务院办公厅印发了《关于实施中华优秀传统文化传承发展工程的意见》,对促进中华优秀传统文化的国际传播提出了要求。2019年,国务院办公厅印发《体育强国建设纲要》,提出了"促进体育文化繁荣发展,弘扬中华体育精神"的战略任务。以中央文件形式专题阐述中华优秀传统文化传承发展工作,并要求全国开展传统文化活动,这对于传统文化的传承与发展具有深远的意义。

基于以上背景,学校便成为中华武术传统文化最关键的启蒙地。加之学校武术对"以武育人"理念的追求,更助推了武术教学成为推进弘扬中华民族文化精神的有效抓手。然而在教育实践中,学校推进武术教学却较为滞后,教师"片面强调技术教学"且"教学方式较单一",致使武术教学往往难以真正实现其育人的价值。因此,如何在把控运动负荷及掌握运动技能的前提下,寻求多样化的手段与方法,并有机融入武术教学中是亟待解决的问题。

本研究从理论与实践相结合出发,审视武术教学的现实困囿,分析探讨引入"外力"的优点与原则,进而构建出更具趣味性和针对性的操作指南与相关案例,为推动武术教学培养全面型人才提供参考。

二、概念界定

(一) 弹力带的概念

弹力带是由天然乳胶制成的具有弹性和韧性,可以改善身体肌力,提升灵活性,易于携带且使用便捷的小型训练工具。

(二) 弹力带分类

常见的弹力带的形状有管状、带状、环形(见表1)。由于弹力带厚度不同,不同颜色的弹力带产生的阻力也不同,因此,合理使用弹力带进行教学时,要了解其阻力大小。

表 1　弹力带类型、特点及使用建议

类型	图片	特点	使用建议
带状弹力带		大约 180 厘米,较长,两端开放,一侧或中间固定在某个位置上使用,亦可以对折使用	多用于全身训练
环形弹力带		10~60 厘米,较为小巧轻便,形成闭环	适合静态或小幅度动作,多用于臀腿训练
管状弹力带		大约 100 厘米,长度适中,直径不一,两边带有把手	多应用上肢训练

(三) 弹力带的优势

1. 弹性形变,张力有意

弹力带随着所受外力和运动状态的变化而改变自己,没有独立自主的方向和大小,它的表现形式是受反抗而被迫形变,所以它的方向总是指向弹性形变恢复原状的方向。

2. 自由拉伸,多变轨迹

弹力带具有随意弯曲、易折叠的优点,因此,它的局限性小,使用者可以在各方向、各角度进行自由和多变的练习,以及可以模拟动作技能学习和生活中等所需要用到的各类动作行为。

3. 多种组合,多样增效

弹力带相当于一个引导工具(辅助主动运动)。在学练中引导学生运用需要的关节和肌肉发力,朝着正确的方向进行训练。能有效地提升学生肌肉、关节运动的能力的同时也可以纠正武术动作中的错误动作。弹力带又可以是一个阻力器(抗阻运动)。在练习过程中它对肌肉施加负荷,使肌肉中的弹性成分和收缩成分受到负荷刺激,并使肌肉受到最大程度的激活,从而获得更大的力量。

三、研究方法

(一) 文献研究

通过对中国期刊全文数据库、中国博士学位论文数据库、中国优秀硕士学位论文全文数据库、知网、百度等进行大量检索,查阅了《上海体育大学学报》《北京体育大学学报》等核心类刊物近几年的大量有关武术教学及同弹力带相关的著作和文献资料,并多方位收集国内有关武术教学视频,从中获得重要启示,为研究提供理论支持。

(二) 调查研究

为进一步了解当前区域内学校武术教学的开展现状,特在区武术特色学校、区级武术推广学校中各选取 3 所代表学校,进行问卷、访谈调研。在准备阶段,就武术教学基本现状对学生展开问卷、访谈调查,为外力辅助武术教学法的开发及实施提供依据。在结束阶段,再次进行问卷调查,以论证弹力带辅助武术教学方法的实施效果。

表 2　弹力带辅助武术教学方法调查问卷的发放与回收统计表($n=226$)

学校	发放数/份	回收数/份	有效回收率/%	有效率/%
华二紫竹	37	37	100	100
上宝中学	44	44	100	100
航华中学	28	28	100	100

（续表）

学校	发放数/份	回收数/份	有效回收率/％	有效率/％
文来中学	46	46	100	100
龙茗中学	32	32	100	100
莘城学校	39	39	100	100

（三）行动研究

根据武术教学的实施，在前期、后期分别对学生的武术学习动机、认知感知及技能习得等状况进行了解、考察，认真记录有关情况和出现的问题，并予以及时积极的反馈，然后对考察结果和反馈信息进行分析、整理、思考、修改、完善，实现弹力带辅助中学武术教学方法的进一步改良与完善，最终选定班级进行实践。

图1 "弹力带"辅助武术教学的行动步骤

四、弹力带辅助武术教学方法的研究

（一）弹力带辅助武术教学方法设计的依据

在进行弹力带抗阻训练时，肌肉在受到外力的作用下，先由被动的离心式拉长再到向心收缩，因此能刺激肌肉，让其承受更大的负荷，使肌肉力量得到锻炼。因此，设计弹力带辅助武术动作要充分利用这一特点，从而激活、调动更多的肌肉和获取更大的力量。

（二）弹力带辅助武术教学方法设计的原则

1. 针对性原则

根据学生的知识技能水平，聚焦武术动作结构，以武术运动规律和项目的功能性为核心点,充分发挥弹力带的特点与优势,通过针对性的设计,以达到预期的效果。

2. 渐进性原则

遵循学生身心发展的特点、武术学习的逻辑规律和学生认识发展的顺序,由易到难、由简到繁地使用弹力带,帮助学生系统地掌握武术的基础知识、基本技能。

3. 适宜性原则

弹力带辅助武术教学中积极有效的负荷是介于生理负荷区域与生理结构损坏区域之间的。如果负荷高、频率低,可能导致受伤,而负荷低、频率高则可能造成重复性的劳损,因此,要根据身体状况和运动能力,进行科学的锻炼。

五、弹力带辅助武术教学方法设计的案例

根据学生的运动基础、弹力带的特点与武术动作的结构,按照"针对性、渐进性、适宜性"三个原则,设计了 4 个案例。

(一) 案例1:助力辅助

助力辅助是指在学生练习过程中,教师根据技术动作的结构及练习水平,通过给予学生一定的助力,使学生体会肌肉的用力感,以达到迅速形成正确动作技术定型和掌握技术的一种教学方法(见表3)。

表3　助力辅助"并步抱拳"教学

弹力带类型	易犯错误	助力辅助具体方法	活动掠影
环形弹力带	易出现塌腰、挺腹、耸肩、拳超出身体的垂直面等"松弛"的现象	借助弹力带的拉力作用,使相关肌肉群上提和外展,帮助学生的肘关节向后并夹紧,形成正确的肌肉感觉和加强背部的肌肉能力;挺胸收腹,双肘后夹,并配合眼神,从而形成正确的"并步抱拳"动作	

（二）案例 2：阻力辅助

阻力辅助是指在学生的练习过程中，通过给予学生一定的阻力，帮助他体验正确的用力方向、顺序、大小等，从而正确掌握该动作的一种直观方法（见表 4）。

表 4　阻力辅助"马步冲拳"教学

弹力带类型	易犯错误	阻力辅助具体方法	活动掠影
带状弹力带	脚尖外撇、弯腰、跪膝、撅臀、冲拳时犯有砸拳、撩拳、耸肩、斜身、弓背等错误	帮助学生了解冲拳的用力顺序，以及"梢节起、中节随、根节追"的发劲方法。弹力带构成的三角形产生的张力，能避免学生练习马步时易犯的错误，而手上的环形圈产生的阻力，能帮助学生控制冲拳的高度，以及快速冲拳的力度	

（三）案例 3：双力共辅

"招式"是武术套路的主体表现，是拳法、腿法、身法的连续运动，因此，需要根据动作结构给予两个外力辅助（见表 5）。

表 5　双力共辅"右勾挂腿"教学

弹力带类型	易犯错误	双力共辅具体方法	活动掠影
管状弹力带	该动作是一种屈伸性的直线型腿法，学生容易出现屈伸不明显，类似摆腿动作和着力点不明显等问题	将弹力带一头握手中，另一头右脚踩住，利用弹力带的弹性收缩力，快速屈膝，基本做到大腿和小腿充分折叠，强调屈膝后再蹬出。之后利用弹力带的阻力，使学生体会大腿带动小腿迅速蹬出，猛挺膝、勾脚尖的用力感觉	
带状弹力带	弓步往往会出现脚尖外撇、弯腰、跪膝、撅臀等问题，侧撑时犯有砸、撩、耸肩之错	利用弹力带的特性，帮助学生了解侧撑用力顺序和发劲方法。弹力带构成的三角形产生的交叉张力，可以避免学生练习弓步时易犯的错误	

（续表）

弹力带类型	易犯错误	双力共辅具体方法	活动掠影
	斜身、弓背等错误		

（四）案例4：攻防技击

技击是武术的内容和运动形式，是武术的本质属性，是武术的灵魂。武术招招不走空，式式有真谛，因此，一招一式、一拳一脚都有实用价值。为了提高对武术的认识，加深对武术的深刻体验，领会武术发展的精髓，武术教学需要始终围绕着"技击"。因此，技能学习按"型—法—势—路"和"打靶—攻防—实战"的递进程序，让学生体验两人之间的相互攻防转换，深刻地认识到武术并不是花拳绣腿。

为了让学生在习练套路动作的同时掌握每个动作的攻防技击要领，充分体会套路的技击性，了解动作的攻防技击特点，故设置固定靶、多人靶等以提高学生的距离感、动作速度、判断能力、爆发力、技战术水平等。

右勾挂腿攻防技击的方法：学生A仆步按掌持弹力带，学生B马步抱拳持弹力带，学生C弓步下冲拳持弹力带，形成简易的"人体模型靶"，让练习者观察分析并运用学过的套路动作对着"弹力带简易支架"进行右勾挂腿攻防练习（见图2）。

图2　带状弹力带"右勾挂腿"攻防

击打"人体模型靶"的练习方式灵活多样,既生动丰富又接近实战。练习者体会右勾挂腿动作要领的同时,辅助者巩固马步、弓步、仆步的步型,从而告别枯燥的练习,让其变成一种乐趣。

六、研究结果

课堂是学生学习知识、增长智慧、拓展思维的重要渠道,利用弹力带进行武术教学,使学生始终处在愉快的氛围中,不仅消除了枯燥感,同时也调动了学习热情,而且在练习过程中能帮助学生构建良好的武术认知结构,帮助他们用发散思维思考,以满足后继的学习需要。

(一) 设计多样练习,激发学生学习武术的兴趣

在成长中,兴趣扮演着非常重要的角色,它能激发学生进行体育学习和参与锻炼,能培养学生的自信心和创造力等,也能推动学生探求并获得运动能力。笔者对226名实验对象进行教学前后的兴趣度调查,从图4中可得知,未运用弹力带教学前,有兴趣上武术课的同学占总人数的57%。使用弹力带进行武术教学后,对武术课感兴趣的人数上升到87%,这说明武术教学中引入"外力辅助",引起了学生的极大兴趣,调动了学生学习武术的热情。

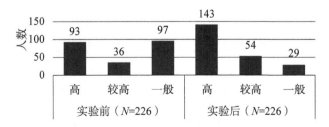

图3　弹力带辅助教学前后学生对武术课兴趣度的改变

（二）搭建学习桥梁，促进技术认知向技术掌握转换

武术不仅要求学习者掌握一定的理论知识和原理，而且要求通过身体练习的方法来不断改进与控制动作，通过操作的方式来熟练掌握技术。从一般的教学进程来看，首先，由教师通过讲解动作要领、示范动作等教学方法，帮助学生对某个动作技术形成基本的认识，其次，教师通过对学生的动作指导、评价反馈等，逐步帮助学生掌握动作技术。

武术教学通常需要外部指导与纠正，除了传统的语言指导、重复示范、分析对比等教学方法外，外力辅助练习手段是更直接和更简洁的纠正错误的方法。

（三）变化练习条件，强化本体的动作技术

在"抱拳蹬踢"动作的练习过程中，如果没有通过肌肉的本体感觉来多次重复地感受自己的动作效果，"力达脚跟"的语言指导比较难以使学生理解。而弹力带可以充分调动肌肉参与训练，逐步建立起正确的肌肉感觉，也可以使肌肉的工作方式、肌肉群之间的配合更符合学练的规律，从而使学练达到事半功倍的效果。

运用弹力带于武术教学中可以"强制"地引导学生进行意识领会，形成技术动作的"直观感觉"，也可以加快动作技术的掌握。

（四）挖掘教材内涵，发挥武术教学的育人功能

中国自古就有"武以观德"之说。应创造性地使用武术教材，发挥教材的育人功能，挖掘武术知识与生活的联系，让其能真正吸引住学生，使学生领略武术的独特魅力和价值。

武术教学在促进学生意志品质养成方面具有独到的价值，因为习武的过程即为意志品质的塑造过程，学生可以在"拳练千遍"的反复琢磨与体悟中，形成自信果断、百折不挠等意志品质。

七、研究结论与建议

（一）结论

（1）弹力带辅助武术教学可以充实和丰富教学方法，激发学生的学习兴趣和求知欲，提高其锻炼的自觉性。

（2）弹力带辅助武术教学方法有利于培养学生积极进取、顽强拼搏的精神，以及坚韧不拔、自强不息的意志品质，从而更好地发挥育人功能。

(二) 建议

(1) 使用弹力带辅助武术教学之时,要特别注意因人而异地选用弹力带的规格,根据学生自身情况合理设计练习组数和次数,避免出现技术变形,因为在学练过程中强调的是质量而不是数量。

(2) 在弹力带辅助武术教学方法的教学设计中,内容的选择等方面还不够完善,因此教师要加强自身相关知识的学习和实践研究,通过不断地实践、积累和总结,为今后更加合理、科学的教学打下扎实的基础。

中学体育基于"闵智作业"平台的精准教学实践

一、"闵智作业"平台与精准教学

"闵智作业"平台是上海市闵行区教育学院推行智慧教育项目而精心打造的一个具有"推送、分析、统计"功能的智慧平台。它通过伴随式的作业过程采集数据,自动收集作业负担、质量、习惯、态度、学业表现等数据,改变了传统体育作业批阅工作繁重,模式监督困难,持续性受阻,数据统计无法有效沉淀及合理运用的缺点,实现了体育作业的自动监测,是闵行区推进教育数字化转型的重要抓手。

精确、准确是精准的基本解释。精准教学是指在精准理念的指导下,借助信息技术,在准确把握体育与健康的课程标准和学生情况的基础上,精确地设计学习目标,精选教学内容和形式,达到整个教学过程可视化、可调控的要求,从而实现针对性供给。基于此,本文所阐述的精准教学即为精确备课(备学生需要的课)、上课(上学生能掌握的课)、辅导(帮助学生知识技能延展),让每一份教学资源都发挥最大价值和效能。

二、基于"闵智作业"平台对中学体育精准教学模式的设计

依据"闵智作业"平台的特点,笔者从内容、形式、程序、方法等方面进行一体化设计,旨在释放出平台自主开放、远程交互,便于开展智能评测的优势;将其分为课前知识技能预演、课中知识技能内化、课后知识技能延展的三个阶段(见图1),完成"数据挖掘→精准备课→教学决策→精准评价与个性化辅导"的

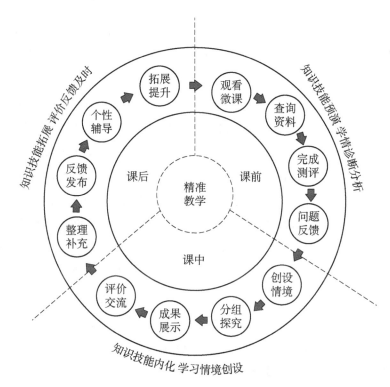

图1 "闵智作业"平台在中学体育中的精准教学模式

迭代应用。

（一）课前精准分析，奠定整体规划"主基调"

掌握学情（最近发展区、可能发展区和未来发展区）是课前的主要任务。然后评估和分析学生学习新知之前的知识储备和生活经验，并预判学生在学习新的知识时可能会有哪些重难点、易错点和盲点。

1. 学习前测——读懂学生的学习基础

学习前测是指教师根据学习目标，将学习内容编为测试题或者资格赛，在正式学习之前，对学生已有的知识储备情况、认知能力、思维习惯、学习偏好等进行一系列测试，这是了解学生学习起点的基本前提和手段。对于学生而言，它有利于检查自己上一节课知识点是否掌握，掌握程度如何，同时也是一次复习的过程。对于教师而言，可以了解学生的知识储备和运动能力情况，帮助教师对教学过程查漏补缺；可以了解学生的已知和未知，哪些已知能作为新知学习的基础？哪些未知能由学生探究出来？也可以了解学生的思维和运动状态，从而调整学习方式或观念；还可以了解学生学习的难点和知识薄弱点，从而制定有针对性的学习目标，即学习目标－学生现有知识＝学生的学习需求＝教师教学的起点。

比如开展"跑：接力跑"第2课时的教学之前，为了甄别学生已经习得哪些学习内容，哪些需要巩固熟练，哪些还能够向更高的层次迈进，特设计了6道前测题。在课前，利用"闵智作业"平台发布前测作业，根据后台自带数据回传和统计功能，完成课前学情动态诊断。前两题是为了从课本中获取与接力跑有关的知识，与本课的教学目标高度契合，也是学习本课的第一任务；第三、四题的目的在于检测学生对接力跑的已有知识储备；第五题是本课的教学难点，它是对学生是否能运用下压式传接棒的检测，但该题的准确率仅为58％。借助前测的答题数据分析，生成学习动态曲线，实时呈现知识点掌握情况、错题与错因分析，从而帮助教师在设计教学目标和教学活动时更好地将"教什么内容"和"学生处在什么水平"相结合。这能为下一步教学提供科学依据，且更好地把握学生急需解决的问题，也为学生创设了一个有序灵动的自我梳理过程。

2. 资源推送——开启课堂的高效之门

将多媒体技术与教学相结合，围绕教学目标和针对教学重难点，根据学生已有的知识基础和新知识所需的衔接知识点，利用图片、文字、视频、音频作为资源推送（微课、课件等），调动学生积极思考和参与学习的积极性，激发和强化学生主动学习的信心，这对于高效解决教学重难点，变革教与学的方式，推进教育信息化的内涵发展，具有非常重要的意义。

比如"跑：接力跑"的第二课时设计了"原地下压式传接棒和行进间传接棒"的微课，帮助学生初步了解下压式传接棒技术的动作要领，有效加强学生对下压式传接棒方法的理解和记忆，提高预习的效率，增强预习的效果，为下压式传接棒新课学习作好充分的准备。同时利用平台即时统计反馈数据，找到把握不准"传接棒时机"的教学重难点，帮助教师根据学情和课前预习的成果来合理调整和改进课堂教学设计，并选用有针对性、科学性的教学手段。

（二）课中精准施策，占领课堂阵地"制高点"

课中阶段的主要任务是运用"闵智作业"平台资源创设情境，设置不同层次的学习任务和比赛情境，基于练习或比赛数据进行实时的测试反馈，检查学生的完成情况并在此基础上总结提升,从而以"数据"为基础、以"互动"为要义来推进课堂教学过程数字化。

1. 以"数据"为基础——精准研判

统计并呈现"半程接力跑预赛"各小组的成绩,让学生在对比、分析中触发思考传棒队员最后 30 米和接棒队员起动 30 米的速度变化趋势对交接棒的影响。通过小组交流讨论,得出"理想状态的交接棒是两名队员在进行交接棒时都处于个人最高速度"的结论,那么,如何达到这个理想状态呢?通过讨论,各小组一致认为:"最佳位置"应根据传棒队员和接棒队员的具体速度来定。有小组还提出,对比传棒队员最后 30 米和接棒队员起动 30 米的速度,可以确定传、接棒的最佳位置。根据学生的讨论结果,教师通过平台推送"让距"计算公式和学生日常 50 米跑的成绩。学生从平台上下载相关数据,计算自己的平均速度或者 30 米跑所需的时间,再根据"让距"计算公式,确定接棒队员起动标志点的位置,以逐步击破下压式接力跑学习的难点。

"让距"计算公式如下:

让距 = 交棒队员平均速度 × 接棒队员起跑 25 米所需要的时间 −(25 米 − 1.5 米),其中 1.5 米是交接棒时两名队员的距离。

2. 以"互动"为要义——精准促学

在"闵智作业"互动课堂功能的加持下,笔者将接力跑的动作要领、接力区、比赛规则等知识点汇聚在互动课堂,学生可以根据自己学练时遇到的困难向平台、教师、同学寻求帮助,使每一个学生都能够及时得到平台、教师或同学的帮助,精准解决遇到的问题,跨越学习过程中遇到的各种障碍。

根据"闵智作业"平台后台数据的反馈,帮助教师快速捕捉课堂资源,调整课程节奏,从而达到从"学有所教"转变为"学有良教",加深学生对知识的理解,使得课堂教学更加灵活、高效。

(三) 课后精准配方,奏响持续续航"最强音"

课后阶段的主要任务是教师依据课前和课中测试的情况反馈,用线上发布、回收和指导课后资源的方式,来方便学生及时查漏补缺、反思总结,巩固体育知识、技能并学会应用,从而在提高课后辅导高效性的同时确保课内外联动发挥应有的作用。

1. 拟定课内课外联动的"双回路"

针对学生知识、技能上的缺失进行补偿性的课内外联动,通过理论知识解决学生体育"知行合一"中"知"的问题,用"知"来促进"健康行为"中的"行"。针对学生习惯或能力维度上的缺失进行发展性的课内外联动,在体能和技能部分为"运动能力、健康行为"打好基础,使之成为培养"体育品德"的素材来源和重要途径。补偿与发展"双回路"的改进,让不同层级的学生可以选择适合自己的课内外联动内容,帮助其接近和穿越"最近发展区",从而获得更进一步的发展。

2. 创设家校协同合作的"育人场"

党的二十大报告进一步强调"健全学校家庭社会协同育人机制",学校家庭协同育人是服务全面育人和实现教育高质量发展的至关重要的推动力量,因此,建立家校协同育人机制势在必行。"闵智作业"平台创建了"教师—学生—家长"的联动机制:体育教师布置课后作业,学生完成作业并上传到平台后,家长通过移动终端"闵智作业"平台查看作业详情,教师和家长可同步检查学生的学习进度与状态,及时发现问题并交流解决,这也为教师和家长建立了更多沟通与交流的机会。

数字化支持的学校家庭协同育人,不仅能很好地发挥主体作用,坚持健康第一的理念,培养学生良好的锻炼习惯和坚强的意志品质,还可以在信息沟通、资源供给和危机处理等方面提供有利条件,更好地赋能人的全面发展。

总之,借助"闵智作业"平台,基于数据分析,能将课前、课中、课后三个阶段有机衔接起来,让我们可以更清晰地了解每一位学生的思维和错误,明确其学习的薄弱环节,从而更精准地制订教学方案和辅导策略,更科学地规划学生的学习路径,推送个性化的学习资料,满足不同类型学生的学习需求,实现从"精准"到"增质"的转变。

立足五育融合，武动课堂内外

——以七年级"武术：十步拳"课内外联动学习为例

一、课内外联动学习的背景与意义

青少年体质健康是体育强国目标的重要组成部分，国家为扭转多年来学生体质连年下降的态势，相继出台《中共中央　国务院关于加强青少年体育增强青少年体质的意见》等政策文件，以致中小学生的体质健康受到越来越多的社会关注。中学阶段是学生身体及心理急骤变化与快速发展的时期，同时也是其运动能力的突增期和体育锻炼行为及习惯形成的关键期，在此阶段的体育学习情况将会影响学生的身体素质、运动技能、体育锻炼意识等。在国家"双减"政策和"五项管理"规定的背景下，课内外联动学习应运而生，但是从课内外联动学习结合学生的课内体育学习方面来说，课内外衔接不足、技能体能组合结构失衡是目前一线教师在进行学生课后体育活动设计时较难避免的问题。对于体育学科来说，课内外联动学习是在课内体育学习的基础上对学生进行自我锻炼指导和体质干预的重要途径。将课堂教学优化与课外学习实践进行联动设计，使学生成为体育学习的主体，才能促进其课外自主健身行为，培养学生迁移学习和充分实践的能力。

二、课内外联动学习的概念

课内外联动学习是指以落实"立德树人"为宗旨，依据课程标准的要求，围绕大单元教学设计，根据学生的特点及需要，用少而精的高质量学习活动把课内与课外学习有机结合，从而帮助学生巩固所学的知识与技能，更好地达成教与学的任务。

三、课内外联动学习的设计策略

1. 目标与评价的有效指引

目标决定课内外联动学习的方向。在设定目标时,一要根据学情基础与需求而设定,二要有明确的指向,三要体现联动,并把"评价"嵌入课内外联动学习之中(见图 1),充分发挥激励学生学习和调整教师教学的评价功能。

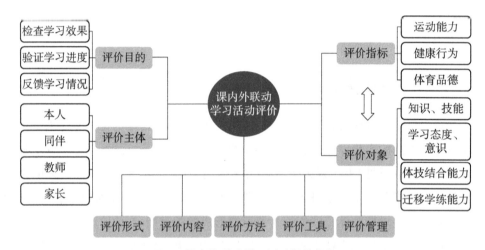

图 1　课内外联动学习活动评价框架

基于此,在课内外联动学习活动设计时,锚定以促进学生健康成长,改善学生体质健康状况,保证体育锻炼时间和强度的课内外学习目标,将教材内容转化为有益的学习内容后,设计出符合青少年年龄特点和身心发展规律的课内外学习任务,从而真正发挥课内外联动学习的作用。

2. 共性和个性的有机协调

课程目标致力于"打好基础、促进发展"。要促进学生发展,并非要让每个学生的每一个方面都要按统一标准来划分。根据学生的差异,发展学生的个性、特长,是落实新课程标准的着力点。因此,在课内外联动学习的共性和个性方面,共性着重于促进学生掌握关键概念和基础知识,帮助学生建立学科基础,强化对知识的掌握;个性则注重培养学生的独立思考和创造能力,激发学生的兴趣,培养他们解决问题的能力。教师可根据实际情况合理协调共性和个性,帮助学生提升自主学习能力,最终促进学生的全面发展。

3. 学校与家庭的有效协同

教育部等十三部门联合印发《关于健全学校家庭社会协同育人机制的意见》,强调要"切实增强育人合力,共同担负起学生成长成才的重要责任",并提出"坚持科学教育观念,增强协同育人共识"。

虽然学校是学生学习的"主阵地",但是也需要充分发挥育人助阵地(家庭)的作用(见图2)。因此,课内外联动学习活动设计不仅要针对体育课堂中知识、技能等方面的提高,更要帮助学生在生活中运用知识、技能进行健身锻炼。比如与家长双人配合练习,不仅可以提高身体素质,而且是另一种与父母交流和互动的方式,既能增进情感交流,还能预防学生在青春期不良情绪的发生,缓解学习压力。以校内学习和校外健身锻炼为契合点,引导学生与家长利用视频资源包共同积极参与练习,帮助学生建立正确的锻炼观,培养学生坚持不懈、不畏艰难的意志品质。

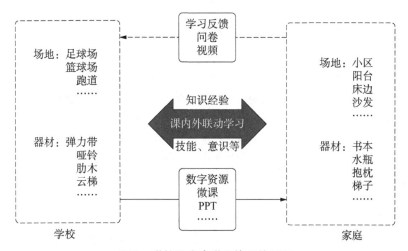

图 2　学校和家庭学习协同的闭环

四、课内外联动学习的典型案例

为了持续加深学生对武术礼仪、动作套路、攻防含义、正当防卫、强身健体、科学评价等方面的理解与应用,引导其在健身健体与形成体育特长的基础上,担负起传承中华民族传统文化的责任与使命,本文通过课内外联动学习主题与目标、课内外联动学习布置与实施、课内外联动学习评价与反馈、课内外联动学习形式与内容四个板块进行七年级"武术：十步拳"单元的课内外联动学习设计与举隅。

1. 课内外联动学习主题与目标

（1）学习主题：十步拳。

（2）学习目标：

① 理解长拳的文化内涵、武德礼仪、功能价值、相关拳术知识等，做出规范到位、力点准确、舒展大方、快速有力的十步拳组合。通过技能与体能的学练，学会科学锻炼的方法，发展灵敏性、协调性和力量。

② 能在校内外体育锻炼时自主学练十步拳，通过不同展现形式将长拳立体地介绍展示给身边的人，传达内涵价值，养成进行十步拳锻炼的习惯；在学练、展演或比赛中保持安全间距，观察周边环境，具有较好的环境适应能力。

③ 能够展现出谦逊有礼、乐观向上、持之以恒等优良品质。

2. 课内外联动学习评价与反馈

评价与反馈是教师有意识、有目的地引导学生反思自己的学习行为，调整学习策略，是促进学生有效学习和教师高效教学的途径。

评价反馈	评价方式	1. 学生自评　2. 学生互评　3. 教师评价
	评价工具	1. 知识评分　2. 动作技能评分　3. 作品欣赏评价
	评价过程	1. 根据作业要求完成动作自评反馈 2. 从同学作业中任选3个作品进行评价 3. 教师对学生作业进行整体评价 4. 通过评价反馈调整课堂教学与作业内容

3. 课内外联动学习布置与实施

课内外联动学习布置与实施要以巩固学生知识与技能、发展学习能力、提升品德修养、养成良好锻炼习惯、促进学生全面发展为目的。

布置	布置：教师利用微信班级群或"晓黑板"App公告布置作业内容 回收：学生通过移动终端拍摄视频或图片打卡
实施情境	根据不同时间和场所设置情境，如家中空闲时间，学校课间休息，校园文化节等

（续表）

实施过程	方法	1. 分层布置：根据学生情况改变运动量、运动强度或作业内容 2. 分散布置：将作业内容布置到不同场所、不同时间段，分散作业量 3. 分批反馈：抽样当面作业反馈，提高完成质量
	要点	1. 按能力水平分层作业 2. 按地点、时间段分散作业
资源提供		文本资料：七年级武术 电子资料：空中课堂——七年级十步拳视频 运动器械：纸板、手靶等

4. 课内外联动学习形式与内容

结合教材内容再组合、再分配，帮助学生获得关于十步拳的问题解决、实战思维训练的真实情境体验，以加强课内外联动学习的整体性、系统性和有效性。

形式		1. 技能巩固　2. 知识检测　3. 运动鉴赏 4. 文创展示　5. 健康生活　6. 赛事参与	
课时	知识	技术	跨学科
第一课时	（1）长拳的基本手型有：_____，_____和_____ （2）简述本节课学习的动作名称	（1）基本手型、弓步步型、预备式—虚步亮掌动作各练习5遍 （2）体能：提膝冲拳—马步冲拳—马步双冲拳—平板支撑组合完成2组，组间休息1分钟	传播中华优秀传统文化要从我们身边做起，请结合本节课学习，收集长拳的相关资料，尝试为家人进行长拳起源和发展的介绍
第二课时	（1）_____是防守动作 （2）简述本节课学习的动作名称	（1）提膝劈掌和马步格拳，各练习5遍 （2）完成2组体能组合，组间休息1分钟	请用你喜欢的卡通形象画出这节课学习的十步拳动作吧，并将你的创作与同学们一起分享
第三课时	（1）_____既是防守动作，又是进攻动作 （2）简述本节课学习的动作名称	（1）弓步冲拳和马步架打，各练习5遍 （2）完成体能组合2组，组间休息1分钟	如果你是中华传统文化的传播大使，你会用怎样的形式介绍长拳呢？请制作一份你的宣传方案

五、课内外联动学习的效果与分析

通过向学生发放关于对课内外联动学习认知与态度的问卷,了解到 75% 的学生认为课内外联动学习巩固了体育课堂的学习内容,88% 的学生认为课内外联动学习提高了身体素质和运动技能,还有 63% 的学生认为课内外联动学习增进了同学交流、师生互动和亲子沟通,有助于形成体育专长,养成锻炼习惯等。从课内外联动学习的效果分析,学生通过课内外联动学习延伸了体育学习场域,能够更好地了解相关基本理论、基本竞赛知识,能够更熟练地掌握相关基本技术、简单组合;加深了对中华传统文化的了解,知道武术运动对促进身心健康的作用,能够培养学生自觉参与体育活动,促进形成日常运动锻炼习惯;能够运用不同的呈现形式,将传统武术文化内涵等展示给身边的人,成为传统武术文化宣传员;在练习中表现出自信果断、坚持不懈的精神,同时能够更好地调控自身情绪、愉悦身心等。

六、开展课内外联动学习的思考与建议

1. 思考

(1) 自觉、自主、自愿是课内外联动学习设计与实施的前提与先导,学生的认知结构与生活经验对作业设计的丰富性、多元化有着迫切需求,直接影响了学生锻炼的兴趣和习惯。

(2) 课内外联动学习设计不仅要立足于育人的综合性,也要兼顾学习者的差异性。在体育教学中可以通过分层教学等方法应对学习者的个体差异,也应把握好作业在功能定位、时空界限、学习条件等方面的差异。

2. 建议

(1) 在课内外联动学习的设计与实施中,应努力拓展学生锻炼的时间和空间,营造丰富多彩的体育锻炼氛围。在学生已有认识结构和生活经验的基础上,以综合实践类课内外联动学习及跨学科类课内外联动学习进行"考验",是促进学生提升主观能动性的新路径。体现体育核心素养的作业设计更需体现情境性、开放性、综合性等关键特征。

(2) 分析不同学习者的学情基础,把握不同个体的作业目标与学习目标的对应关系。"按需索取、因人而异"形式的课内外联动学习可以给予学生充分的

自由,也充分发挥了学生的主体作用。通过课内外联动学习与体育课堂的联动效应,一定可以不断拓宽学校体育的外延,全方位、高效地促进学生运动能力、健康行为、体育品德的育人目标的实现。

参考文献

［1］ 孙妍妍,祝智庭.以深度学习培养 21 世纪技能:美国《为了生活和工作的学习:在 21 世纪发展可迁移的知识与技能》的启示[J].现代远程教育研究,2018(3):9-18.

［2］ 鲍丽芬.辅助器材在蹲踞式起跑教学中的应用[J].中国学校体育,2018(1):54-55.

［3］ 鲍维奎.浅谈自制教具的意义和作用[J].湖北中小学实验室,1997(4):27-28.

［4］ 卜彩丽,冯晓晓,张宝辉.深度学习的概念、策略、效果及其启示:美国深度学习项目 (SDL)的解读与分析[J].远程教育杂志,2016,34(5):75-82.

［5］ 蔡全坤.教学中辅助练习的选定及注意事项[J].中国学校体育,2009(4):56.

［6］ 陈向阳.跳箱教学中学生恐惧心理的产生及调整方法[J].武汉体育学院学报,2003 (3):149-150+182.

［7］ 崔允漷.如何开展指向学科核心素养的大单元设计[J].北京教育(普教版),2019(2): 11-15.

［8］ 崔允漷.学科核心素养呼唤大单元教学设计[J].上海教育科研,2019(4):1.

［9］ 董翠香,刘昕,邵伟德,等.“体育与健康课程核心素养与课堂教学设计”专题讨论六人谈(三):指向核心素养的体育大单元教学设计[J].体育教学,2022,42(6):12-15.

［10］ 冯刚.立德树人与时代新人培育的内在逻辑[J].四川师范大学学报(社会科学版), 2021,48(5):13-19.

［11］ 郭华.深度学习及其意义[J].课程·教材·教法,2016,36(11):25-32.

［12］ 郭华.深度学习与课堂教学改进[J].基础教育课程,2019(C1):10-15.

［13］ 郭元祥.论深度教学:源起、基础与理念[J].教育研究与实验,2017(3):1-11.

［14］ 韩改玲,韩彩灵,朱春山,等.核心素养导向的体育学习活动设计[J].体育教学,2020, 40(7):16-19.

［15］ 何克抗.深度学习:网络时代学习方式的变革[J].教育研究,2018,39(5):111-115.

［16］ 胡亚川,李灿,李建臣.弹力带训练方法结合田径专项技术训练的应用与研究[J].文体用品与科技,2013(13):137-138.

［17］ 胡元骏,张涛.弹力拉力带最短时间塑身法[J].东方养生,2008(10):114-117.

［18］ 贾洪洲.体育教材内容排列原理探索[J].西安体育学院学报,2019,36(5):637-640.

［19］ 姜丽娟,刘义兵.“欧洲教育区”背景下欧盟教师教育政策的新动向及其启示[J].全球教育展望,2021,50(5):81-91.

[20] 焦炜,车丽娜. 我国基础教育课程潜能开发:一个基于西方范式的策略分析[J]. 当代教育科学,2016(2):20-25.

[21] 李刚,吕立杰. 大概念课程设计:指向学科核心素养落实的课程架构[J]. 教育发展研究,2018,38(Z2):35-42.

[22] 李健. 体育与健康学科大单元教学标准探究实践[J]. 天津教育,2022(19):28-29.

[23] 廖辉. 我国基础教育课程改革的类型学与治理机制[J]. 课程·教材·教法,2021,41(7):39-46.

[24] 陆卓涛,田薇臻,毛玮洁. 破解教育新常态之谜,重塑课程与教学使命:第十八届上海国际课程论坛述评[J]. 全球教育展望,2021,50(4):119-128.

[25] 吕钶,胡庆山. 从冲突到消解:体育课程改革参照的价值考论[J]. 武汉体育学院学报,2021,55(6):79-87.

[26] 米艳. 体操支撑跳跃教学中如何消除学生恐惧心理[J]. 西北成人教育学报,2000(3):52-53.

[27] 潘建芬. 大单元教学设计初探:以体育课程为例[J]. 基础教育课程,2018(19):40-44.

[28] 彭庆文,于天然.《〈体育与健康〉教学改革指导纲要(试行)》的时代意义、内容特征和践行路径:兼论新时代学校体育的走向[J]. 体育学研究,2021,35(4):83-91.

[29] 尚力沛,程传银,赵富学,等. 基于发展学生核心素养的体育课堂转向与教学转变[J]. 体育学刊,2018,25(2):68-75.

[30] 邵丽. 学习活动设计:内涵、意义与策略[J]. 江苏教育研究,2018(1):31-34.

[31] 邵伟德,李红叶,齐静,等. 体育学科核心素养与体育教学目标对接的方式、困境与策略[J]. 体育学刊,2020,27(6):90-96.

[32] 施治国. 适当的辅助器材对促进足球运动员全面发展的作用[J]. 文体用品与科技,2012(3):54.

[33] 宋克林,周秀方. 自制体育教具在体育教学中的作用及注意事项[J]. 中国教育技术装备,2012(11):112-113.

[34] 汤丰林,申继亮. 情境认知的理论基础与教学条件[J]. 全球教育展望,2004,33(4):53-57.

[35] 唐雪梅,张梅琳. 终身学习视域下成人学习者角色认同研究:一项基于访谈的调查分析[J]. 天津电大学报,2023,27(1):71-76.

[36] 王云生. 体现深度教学理念的大单元教学设计:以中学化学教学为例[J]. 基础教育课程,2021(20):61-67.

[37] 魏佳. 女性弹力带健身操健身效果的应用分析[J]. 南昌高专学报,2012,27(2):178-179.

[38] 吴桥. 大单元体育教学内容建构的思辨与存疑[J]. 教学与管理,2020(12):89-91.

[39] 吴维铭,卢闻君. 体育大单元教学理论与实践的研究[J]. 北京体育大学学报,1997(4):59-63.

[40] 吴永军. 关于深度学习的再认识[J]. 课程·教材·教法,2019,39(2):51-58+36.

[41] 闫强,刘奋山. 体育教学过程中体育器材场地的利用与开发探讨[J]. 电子测试,2013(18):190-191.

[42] 阎智力. 普通高中体育与健康课程目标体系研究[J]. 体育学刊,2021,28(5):14-22.

[43] 于素梅,许弘.《〈体育与健康〉教学改革指导纲要(试行)》解读[J].首都体育学院学报, 2021,33(4):371-377.

[44] 余纯璐."新课程"背景下的小学体育课大单元教学[J].体育科研,2009,30(2):95-97.

[45] 袁鸿祥,徐兴国,唐国瑞.基于核心素养导向的体育大单元教学研究[J].教学与管理 (中学版),2021(1):52-54.

[46] 倪震.辅助练习在举重训练中的价值探讨[J].湖北体育科技,2011,30(2):211-212.

[47] 张峰.学校武化教育的实施策略[J].西安体育学院学报,2017,34(5):630-636.

[48] 张虹.学习活动设计国内研究现状[J].长江丛刊,2018,25(7):45-47.

[49] 张黎明.砸板训练:介绍一种体操辅助练习[J].体育科技资料,1974(6):38-39.

[50] 张庆新,陈雁飞,黄春秀.大概念、大单元、任务群:实战能力进阶导向下重构中小学排 球教学内容体系[J].首都体育学院学报,2021,33(4):378-383.

[51] 张玉春.浅谈自制教具在体育教学中的作用[J].成才之路,2007(32):54-55.

[52] 张震,季浏.体育学科的自主知识建构:基于具身认知的考查[J].上海体育学院学报, 2023,47(6):1-11+75.

[53] 钟启泉.从"知识本位"转向"素养本位":课程改革的挑战性课题[J].基础教育课程, 2021(11):5-20.

[54] 钟启泉.能动学习:教学范式的转换[J].教育发展研究,2017,37(8):62-68.

[55] 范亚颖.中学体育实验自制器材开发过程的案例研究[D].北京:首都师范大学,2013.

[56] 李明.以自制器材促进体育探究实验的发展[D].天津:天津师范大学,2012.

[57] 彭红超.智慧课堂环境中的深度学习设计研究[D].上海:华东师范大学.2019.

[58] 司维超.弹力带在人体三关节力量训练中的应用研究:中国空中技巧队为例[D].北京: 北京体育大学,2010.

[59] 中华人民共和国教育部.普通高中体育与健康课程标准(2017年版)[M].北京:人民教 育出版社,2018.

[60] 徐阿根.上海市初中体育多样化课程教学实施指导手册[M].上海:少年儿童出版 社,2019.

[61] 钟启泉.课堂研究[M].上海:华东师范大学出版社,2016.

[62] 格兰特·威金斯,杰伊·麦克泰格.追求理解的教学设计[M].2版.闫寒冰,宋雪莲,赖 平,译.上海:华东师范大学出版社,2017.

[63] 曹宝龙.学习与迁移[M].杭州:浙江教育出版社,2019.

[64] 江合佩.走向真实情境的化学教学研究[M].福州:福建教育出版社,2020.

[65] NOVAK J D. The promise of new ideas and new technology for improving teaching and learning [J]. Cell Biology Education, 2003,2(2):122-132.

[66] KONG S C. A curriculum framework for implementing information technology in school education to foster information literacy [J]. Computers & Education, 2008,51 (1):129-141.

[67] FLETCHER J, PARKHILL F, FA'AFOI A, et al. Pasifika students: teachers and parents voice their perceptions of what provides supports and barriers to Pasifika students' achievement in literacy and learning [J]. Teaching and Teacher Education, 2008,25(1):24-33.

[68] ZHANG T, SOLMON M A, GU X. The role of teachers' support in predicting students' motivation and achievement outcomes in physical education. [J]. Journal of Teaching in Physical Education, 2012,31(4):329 - 343.

[69] SCHMIDT C, SKOOG M. Classroom interaction and its potential for literacy learning [J]. Nordic Journal of Literacy Research, 2017,3(1):45 - 60.

[70] WEGENER D R. We may be teaching information literacy, but are the design first year students actually getting it? [J]. The Journal of Academic Librarianship, 2018,44(5): 633 - 641.

[71] WALKER Z, HALE J B, ANNABEL CHEN S H, et al. Brain literacy empowers educators to meet diverse learner needs [J]. Learning: Research and Practice, 2019,5 (2):174 - 188.

[72] BARBRE J O. Crafting a critical literacy skillset: an improved use of visual modalities [J]. International Journal of Education and Literacy Studies, 2019,7(2):139 - 143.

[73] ALJANAHI M H, ALSHEIKH N. 'Just write anything': exploring the school literacy practices of high school students in the United Arab Emirates [J]. Pedagogy, Culture &. Society, 2020,28(4):563 - 579.

[74] AHMADI M J. The use of instructional time in early grade reading classrooms: a study in Herat Province of Afghanistan [J]. International Journal of Educational Development, 2021,84:102435.

后　记

这是我的第一本书,是在我的同名"上海市大中小学教师学科研修基地教师专业发展实践研究项目"市级课题结题报告基础上修订而成的。看着它,如同看着自己刚刚出生的孩子,欣喜之余又隐隐不安,总觉自己的研究成果还够不上心中所谓"作品"的标准,但其也是对一段时光的纪念,可作为自己科研道路起点的见证,还是一件非常有意义的事。

我对大单元的研究与关注,源自我在参加上海市第五期体育学科德育实训基地培训期间,当时我的导师徐阿根校长也正在关注"大单元教学",他的《体育大单元教学的思考与操作》对我的启发很大。本书从现实的教育问题和热点出发,引出了大单元教学的必要性,深刻诠释了其概念、内涵与特征,并从大单元的关键要素、设计流程、属性表、设计路径和实施要点五个方面进行了深入的探讨。在义务教育新课标颁布后,而配套新教材未出版期间,我结合上海现行教材,经过三年的实践探索,积累了"球类、武术、田径"等方面丰富的大单元教学设计案例,如今汇集在此,旨在帮助大家更好地理解大单元教学设计的实质。

在本书即将出版面世之时,回顾多年来的忙碌与困惑,坎坷与蹉跎,心中顿生颇多感慨。但幸运的是,在我的成长路上一直有贵人相助,因此,感慨就自然变成了感谢。感谢上海市特级校长、体育特级教师徐阿根,上海市特级教师施履冰,上海市体育特级教师、正高级教师徐燕平,上海市教师教育学院(上海市教育委员会教学研究室)体育与健康学科教研员王立新老师、李芳芳老师所给予的指导和帮助,感谢学院领导和各位同仁的关心与支持,感谢团队的不懈努力与辛勤付出,感谢家人一如既往的理解与鼓励,感谢上海市慈善基金会和闵行区春申教育发展基金会的大力资助,谨在此并致谢忱。

感恩这一路上,将我一次次照亮的你们,路漫漫其修远,唯上下求索、步履不停,方为最深沉的感恩……